Univ.-Prof. Dr. med. Manfred Walzl
Mag. Michael Hlatky

JUNGBRUNNEN BIER

Univ.-Prof. Dr. med. Manfred Walzl
Mag. Michael Hlatky

Jungbrunnen Bier

mit einem Beitrag
von Univ.-Prof. Dr. Werner Back

Bildquellen:
Photo Alto, Seite 8, 46, 60, 72, 81, 82, 87, 92, 93, 99, 101, 103, 137, 146,
Photo Disc, Seite 22, 39, 40, 42, 44, 47, 52, 54, 74, 94,105, 112,
Ägyptisches Museum Berlin, Seite 11
Polar Photo Bank 2002/2003, Seite 14, 66, 67, 69, 71,
Österreichische Nationalbibliothek Seite 18,19, 20, 24, 27, 28, 88,
Agentur natur ganz nah, Norbert Mittermaier & Artur Huber OEG, Seite 16,17
Verband der Brauereien Österreichs, Seite 55, 63, 107, 121, 126, 138, 139, 140, 144,
Leopold Stocker Verlag, Seite 110 (Atelier Geyer), 115 (Foto Tropper)
Technisches Museum Wien, Seite 129
Brauerei Schwechat, Seite 131
Chris Lang, Seite 133
Franz Reil, Seite 128, 130
Brauerei Weitra, Seite 21
Leopold Schlögl, Seite 56, 79, 80, 84
Michael Hlatky, Seite 33, 127
Manfred Walzl, Seite 100, 119
Andrea Malek, Seite 38, 41, 49, 50, 89, 90, 97, 106, 118, 143
Herwig Steiner, Seite 124

Wien, 1. Auflage 2004

ISBN 3-901488-42-1

Umschlag, Layout & Satz: malanda-buchdesign, Andrea Malek, Graz
Umschlagfoto: Luk Thys/Photo Alto, Paris
Gesamtherstellung: Verlagsagentur Mag. Michael Hlatky, Vasoldsberg
Druck & Bindung: Druckerei Berger, 3580 Horn

Zum Brauen eines guten Bieres braucht man eigentlich nur vier Zutaten: Wasser, Gerste, Hopfen und Hefe.

Der beim Brauen ablaufende biochemische Prozess blieb über die Jahrtausende gleich, auch wenn sich die Dimensionen, in denen heute Bier erzeugt wird, wesentlich von denen unserer Vorfahren unterscheiden.

Bestaubt sind unsere Bücher;
Der Bierkrug macht uns klüger.
Das Bier schafft uns Genuss,
die Bücher nur Verdruss!

Johann Wolfgang von Goethe

Inhaltsverzeichnis

Bitte lesen Sie nicht weiter … Seite 9
Was ist Bier? Seite 10
Wissenschaft und Volksmedizin Seite 13
Der Ruf des Bieres Seite 16
Paracelsus, Hildegard von Bingen Seite 18
Biertrinker sind gesünder Seite 23
Das Reinheitsgebot von 1516 Seite 33
Volksfeind Herzinfarkt Seite 38
Auf der Suche nach dem Schutz Seite 39
Eine „Entzündungsbremse“ Seite 43
Mit Herz und Hirn für Herz und Hirn Seite 45
Biertrinker sind intelligenter Seite 47
Hilfe bei Demenz? Seite 48
Wie ist das mit dem Zucker? Seite 51
Das Geheimnis des Hopfens Seite 55
Schützt Bier vor Krebs? Seite 60
Xanthohumol – der Tausendsassa? Seite 62
Geringeres Risiko für Nierensteine Seite 65
Das ideale Getränk für den Sportler Seite 66
Konzentriert, mehr Leistung, bessere Reaktion Seite 69
Viele Vitamine Seite 72
Wer heute noch gesund ist, ist bloß zu wenig untersucht Seite 74
Braugerste, Malz Seite 79
Bier macht schön Seite 81
Bierhefe Seite 83
Inhaltsstoffe der Bierhefe Seite 86
Das Bierbad Seite 87

Und was sagen die Frauen dazu? .... Seite 87
Wertvolle Mineralstoffe .... Seite 89
Ein „neues“ Mittel gegen Osteoporose .... Seite 92
Das Märchen vom Bierbauch .... Seite 96
Das DD-Gen als Übeltäter .... Seite 97
Eindeutige Beweise .... Seite 98
Macht Bier müde? .... Seite 99
Ein guter Schluck für Senioren .... Seite 102
Der „Luxusdurst“ .... Seite 103
Wasser .... Seite 105
Gesundes Vergnügen .... Seite 107
Hilfe für Verdauung und Stoffwechsel .... Seite 111
Alkohol: Heilmittel oder Teufelszeug? .... Seite 113
Biergenuss mit Maß (nicht unbedingt im Maß) .... Seite 114
Ihr persönlicher Alko-Test .... Seite 116
Bier auf dem Alkoholprüfstand .... Seite 117
Jetzt noch eine kleine Bierkunde .... Seite 120
Wie entsteht Bier? .... Seite 122
Das Maischen .... Seite 122
Das Kochen der Würze .... Seite 123
Die Vergärung .... Seite 126
Reifen des Bieres .... Seite 127
Lagerbiere nach Wiener Art .... Seite 128
Eine visionäre Betrachtung (Univ.-Prof. Dr. Werner Back) .... Seite 134
Zu guter Letzt .... Seite 146
Literaturverzeichnis .... Seite 149
Die Autoren .... Seite 152

Bitte lesen Sie nicht weiter . . .

. . . wenn Sie meinen, dass dieses Buch Vorwand oder Ausrede dafür werden kann, sich einen zu viel hinter die Binde zu gießen.

Damit es von vornherein klar ist: Hier geht es nicht ums Alibi fürs große Zechen, sondern um den mäßigen Genuss, der schlussendlich unserem Körper gut tun kann.

Bier enthält natürlich Alkohol. Deshalb ist Vorsicht angesagt. Niemand soll durch dieses Buch zum übermäßigen Alkoholkonsum animiert werden.

Auf der anderen Seite lässt es sich nicht leugnen: Die gesundheitlichen Qualitäten des Bieres rücken immer mehr in den Mittelpunkt des Interesses von Wissenschaft und Öffentlichkeit.

Da ist es schön, zu wissen, dass auch Biere mit wenig Alkohol – oder gar alkoholfreie Sorten – dieselben günstigen Eigenschaften für unsere Gesundheit haben wie alkoholhaltiger Gerstensaft.

Ob mit Alkohol oder ohne – Genuss sollte sich immer mit Vernunft verbinden. Genießen Sie also dieses Buch, genießen Sie auch einen guten Schluck Ihres Lieblingsbieres. Und freuen Sie sich über die Vorzüge eines Getränkes der Mäßigung.

Was ist Bier?

Bier ist wohl das meistgetrunkene alkoholische Getränk und auch eines der ältesten Lebens- und Genussmittel der Menschheit. Das deutsche Reinheitsgebot definiert die zulässigen Zutaten – Wasser, Malz und Hopfen. Die Hefe als Auslöser der alkoholischen Gärung war im 16. Jahrhundert noch nicht bekannt.

Die in trockenem Juristendeutsch abgefasste Erklärung listet die zulässigen Zutaten und Brauvorgänge bei der Biererzeugung auf. Aber erklärt diese Definition wirklich, was Bier ist, welche Bedeutung dieses Getränk in der Vergangenheit hatte und heute noch immer hat? Wie wir sehen werden, ist auch die medizinische Bedeutung dieses Lebensmittels in der Vergangenheit, aber auch in der Zukunft nicht zu unterschätzen.

Das deutsche Biergesetz und der Codex Alimentarius Austriacus definieren die Rohstoffe schon etwas genauer:
Bier ist ein aus Zerealien, Hopfen und Wasser durch Maischen und Kochen hergestelltes, durch Hefe vergorenes, alkohol- und kohlensäurehältiges Getränk.
Als Zerealien werden Gerste, Weizen, Reis, Mais oder Erzeugnisse aus diesen verwendet.

Bier ist eng mit der Kulturgeschichte der Menschheit verbunden, denn erst als der Mensch sesshaft wurde und Ackerbau zu betreiben begann, hatte er sich damit die Möglichkeit geschaffen, Getreidesorten wie Emmer, Dinkel, Gerste, Weizen, Roggen oder Hafer zu kultivieren. Den Überschuss dieses Getreides – der nicht lebensnotwendig für die Broterzeugung war – konnte durch Vergärung in Bier oder – besser – in ein bierähnliches Getränk verwandelt werden. Die Biererzeugung war aber auch eine Form der Lagerhaltung, konnte doch das „flüssige Brot“ in Tonkrügen leichter vor Ungeziefer, Mäusen und Ratten geschützt werden als das lose gelagerte Getreide, das schutzlos den Schädlingen ausgesetzt war.

Ägyptische Darstellung: Ein Orientale trinkt Bier mit einem Trinkhalm.
Ägyptisches Museum, Berlin

Trinkgelage des Königs Sargon II. v. Assyrien (721–705 v. Chr.) im Palast von Dur Scharrukin (Chorsabad).

Wer wirklich das Bier erfunden hat, lässt sich nicht mehr mit absoluter Sicherheit sagen, wahrscheinlich ist es in den verschiedenen Kulturen unabhängig voneinander mehrmals „erfunden“ oder entdeckt worden. Eine der plausibelsten Erklärungen dafür, dass aus Getreide ein alkoholhältiges Getränk entsteht, ist folgende:

Brotreste waren in einen Behälter mit Wasser gelangt, die Sonne erwärmte das Wasser, und die in der Luft enthaltenen „wilden“ Hefen begannen daraufhin, den Gärungsvorgang einzuleiten. Sehr bald begann man dann diesen spontanen, ungeplanten Prozess gezielt und bewusst herbeizuführen. Dieses bei einer wilden Gärung entstandene bierähnliche Getränk ist, auch wenn der biochemische Prozess seit damals unverändert geblieben ist, mit Bier, wie wir es uns heute vorstellen, nicht zu vergleichen. Vielmehr waren die ersten Biere trüb und enthielten Reste der beim Brauvorgang verwendeten Getreidesorten. Abbildungen Bier trinkender Sumerer (ca. 3000 v. Chr.) zeigen diese beim Biertrinken mit Trinkhalmen, damit sie die im Bier enthaltenen Treberreste und Trubstoffe nicht mitschlürfen mussten. Auch war die erfrischende, prickelnde Kohlensäure aus dem Bier zu einem großen Teil bereits entwichen, ganz zu schweigen von der fehlenden Kühlung in heißen Regionen.

Wissenschaft und Volksmedizin

Machen wir uns nichts vor: Wissenschaftliche Heilkunst und Volksmedizin haben sich mit einem Paarlauf schon immer schwer getan. Was von den einen hochgelobt wurde – und wird –, ist für die anderen entweder übertechnisiert oder, auf der anderen Seite, Humbug Marke Teufelszeug. So ist es auch mit dem Alkohol. Für die universitäre Medizin galt er bis vor kurzer Zeit noch in jeder Form als verpönt. Andererseits: In der Volksmedizin – in Omas Arzneischränkchen – hatten Tinkturen und Tropfen auf Alkoholbasis immer schon einen festen Platz. Vor allem das tägliche Quantum Wein oder Bier wurde bereits von unseren Vorfahren ob seiner gesundheitsfördernden Wirkung geschätzt. Der Haken dabei: Die Reime rund um Bier und Wein hatten keinen wirklichen wissenschaftlichen Hintergrund und basierten nur auf Überlieferungen und Beobachtungen.

Neben seiner Wirkung als leicht berauschendes und euphorisierendes Getränk – und, wie wir heute wissen, als eines der historisch gesehen ganz wenigen hygienisch unbedenklichen Getränke – war es immer schon die, wenn auch bis vor kurzem noch vorwissenschaftliche Erkenntnis, dass Bier ein nahrhaftes „Lebensmittel" ist. Bei vernünftigem Gebrauch kann es dem Wohlbefinden und der Gesundheit höchst zuträglich sein. So wurde diesem uralten Naturprodukt stets große Wertschätzung verliehen.

Jahrhundertelang wurde Bier als Naturheilmittel und als Trägermedium für Arzneien und Heilkräuter vor allem in der Volksmedizin eingesetzt. Mit dem Aufkommen der modernen Heilmittel geriet dieses tradierte Wissen in Vergessenheit, und Bier war nur mehr ein erfrischendes Genussmittel.

Kaum ein Nahrungsmittel – und als solches muss Bier wohl auch bezeichnet werden – hat in den letzten Jahren einen derartigen Rufwandel erlebt wie das Bier. Es wurde zum hochinteressanten Forschungsschwerpunkt der Medizin mit mehr als 3000 wissenschaftlichen Publikationen zu verschiedenen gesundheitlichen Aspekten und den gesundheitsfördernden Wirkungen eines **mäßigen Biergenusses.** Nicht verschwiegen werden soll, dass bei übermäßigem Biergenuss die negativen Begleiterscheinungen des Alkohols die erwünschten, positiven Wirkungen wieder ins Gegenteil kehren. Unabhängig vom Alkoholgehalt enthalten auch Biere mit niedrigem Alkoholgehalt und alkoholfreie Biere diese gesundheitsfördernden Inhaltsstoffe.

Kurz gesagt: Positive Wirkungen sind bei Nierensteinen, Herz-Kreislauf-Erkrankungen und Osteoporose – typischen Zivilisationskrankheiten der westlichen Welt – wissenschaftlich belegbar. Sehr viel versprechend sind die Testergebnisse der Inhaltsstoffe des Hopfens in der Behandlung von Krebserkrankungen. Darüber hinaus decken die Vitamine und Spurenelemente im Bier – vor allem aus dem Malz und der Bierhefe – einen großen Teil des Tagesbedarfes und leisten damit einen wichtigen Beitrag zu einer ausgeglichenen Ernährung.

Dass Marathonläufer und andere Ausdauersportler die isotonische Wirkung des Bieres schätzen und Bier daher vielen Power- und Isodrinks vorziehen, wird ebenfalls erwähnt.

Bier auf Krankenschein wird zwar auch in naher Zukunft ein Wunschdenken vieler Bierliebhaber am Stammtisch bleiben, als relativ nebenwirkungsfreies Getränk mit positiven medizinischen Wirkungen – bei mäßigem Genuss – kann man es jedoch auf jeden Fall bezeichnen. Apropos Wertschätzung. Sie ist offenbar so alt wie das Getränk selbst. Schon in der ältesten erhaltenen Literaturstelle der Welt – dem sumerischen *Gilgamesch-Epos* – hat das Bier seinen festen Platz. Eingeritzt in zwölf Tontafeln, gefunden in der Stadt Uruk im heutigen Irak, steht über die Menschwerdung eines Fabelwesens, halb Mensch, halb Tier – Gilgamesch's Diener eben – zu lesen: „Der wilde *Enkidu* trank das Bier, trank davon sieben Mal. Sein Geist ward frei, und er sprach mit lauter Stimme. Freude erfüllte seinen Leib, und sein Antlitz strahlte hell. Er wusch sich den zottigen Körper mit Wasser, salbte sich mit Öl – und ward ein Mensch."

Mit Maß, nicht unbedingt im Maß. Damit wir uns recht verstehen.

Da durfte deutsches Schrifttum nicht nachstehen. In der norddeutschen *Edda,* einer Sammlung von Liedern und Dichtungen, kommt das Bier zu Ehren. Ja, mehr noch, man propagierte bereits den verantwortungsvollen Umgang mit dem offensichtlich äußerst beliebten Getränk:
„Nicht klebe am Becher, trinke Bier mit Maß."

Mit Maß, nicht unbedingt im Maß. Damit wir uns recht verstehen.

Denn **die** Maß – Aufklärung tut Not – ist wohl nur in Bayern ein übliches Flüssigkeitsmaß. Idealerweise bezieht es sich auf exakt einen Liter. Zu Oktoberfest- und anderen Zeiten tut's auch weniger. Manchmal werden gar nur 0,7 Liter in den Glaskrügen serviert. Undurchsichtige Steinkrüge haben oft noch wesentlich geringeren Inhalt.

Also noch einmal:
Nicht auf – jetzt ganz deutlich – **die** Maß kommt es an, sondern auf **das** Maß.

Der Ruf des Bieres

Für die meisten Menschen ist Bier nur ein erfrischendes, leicht alkoholisches Getränk und Genussmittel, das wegen seiner Natürlichkeit weltweit geschätzt wird. Bis ins Mittelalter war Bier aber auch eines der wichtigsten Arzneimittel, und sein Alkoholgehalt diente hauptsächlich als Trägermedium bzw. Lösemittel für die Wirkstoffe vieler verschiedener Heilkräuter und Zusatzstoffe, welche vor dem Bayerischen Reinheitsgebot von 1516 dem Getränk beigegeben wurden. Für unser heutiges Verständnis vom Bier, das überwiegend von der Tradition dieses Reinheitsgebotes geprägt ist, wurden dabei unvorstellbare Zutaten, wie Bilsenkraut, Wacholder, Hanfblätter, Wermut, Rosmarin bis hin zu getrocknetem Fliegenpilz, verwendet. Alles Mittel, denen naturheilkundliche Wirkungen durchaus nicht abzusprechen sind, wobei viele dieser Drogen – hier im Sinne von Arzneimitteln – bewusstseinserweiternd und rauschauslösend sind und dabei die Wirkung des Alkohols bei weitem übertrafen bzw. verstärkten.

Bilsenkraut

Bier wurde vor allem bei kultischen – man kann auch sagen vorchristlichen – Handlungen getrunken, und die psychedelischen Wirkungen des rituellen Biergenusses wurden dazu verwendet, den Kontakt zwischen den Menschen und den Göttern herzustellen. Das Bier wurde als ein Geschenk der Götter verehrt, als wundertätiges Arzneimittel geschätzt und bei diesen magischen Praktiken verwendet. Der erotisierend wirkende Hanf wurde, vor allem auf Druck der einflussreichen katholischen Kirche – die damit auch den im Mittelalter noch immer bestehenden heidnischen Einfluss zurückdrängen wollte – durch den bitteren Hopfen ersetzt. Angesichts des nicht unbeträchtlichen Bierverbrauchs in den Klöstern war durch den beruhigenden, dämpfend wirkenden Hopfen als Würzmittel ein kontemplatives Leben in der Klosterzelle leichter aufrechtzuerhalten als durch das Aphrodisiakum Hanf! Hopfen wird bis heute als Naturheilmittel bei Schlafstörungen eingesetzt. Ein stark gehopftes Bier (Pils), am Abend getrunken, entspannt, beruhigt und fördert einen gesunden Schlaf; es ist gewiss freier von Nebenwirkungen als alle chemischen Beruhigungs- und Schlafmittel, auch wenn, wie gezeigt werden wird, die schlaffördernde Wirkung des Gerstengetränkes bei den heutigen Biersorten nicht mehr in dem Umfang wie bei früheren Sorten gegeben ist.

Wacholderbeere

Wermutkraut

Paracelsus, Hildegard von Bingen

Die Inhaltsstoffe des Hopfenöls – die Lupulinkörner – wirken darüber hinaus antiseptisch und unterstützen die längere Haltbarkeit des Bieres, da sich weniger schädliche Keime vermehren können. Der große Schweizer Arzt und Naturforscher *Theophrastus Bombastus von Hohenheim,* besser bekannt als *Paracelsus* (1493–1541), vermutete bereits diese antiseptische Wirkung des Hopfens; er hielt Bier überhaupt für eine der „göttlichen Arzneyen". *Paracelsus* war – als sehr genauer Beobachter – für eine präventive Sicht der Medizin und erkannte, dass allein die Dosierungen über Gift oder Heilmittel entscheiden. Sein Ausspruch: „Alle Dinge sind Gift und kein Gift; allein die Dosis macht, dass ein Ding ein Gift ist", bezeugt diese sehr moderne Ansicht. Das gilt natürlich auch für den mäßigen Genuss von Bier. Auch hinsichtlich der Wirkung der Bierhefe als Auslöser der alkoholischen Gärung stellte er Vermutungen an, konnte diese aber wegen der damals noch fehlenden technischen Hilfsmittel nicht schlüssig beweisen. Dies gelang erst dem

Paracelsus (1493–1541)

großen französischen Chemiker *Louis Pasteur* (1822–1895) mit Hilfe des Mikroskopes; ist Bierhefe doch erst bei 800facher Vergrößerung sichtbar.
Bier wurde aber bereits Tausende Jahre vorher zu Heilzwecken verwendet. In Mesopotamien und in Ägypten wurde die Bierhefe – als Schlamm der Biererzeugung bezeichnet – als Naturheilmittel und Schönheitsmittel für die Haut eingesetzt. Auch wenn man nicht wusste, dass die Hefe der Auslöser der alkoholischen Gärung ist – ihre medizinischen Anwendungsbereiche haben ägyptische Ärzte sehr wohl durch Beobachtung erkannt, wie ein Papyrus aus dem Jahr 1555 v. Chr. belegt. Die in diesem *Papyrus Ebers* aufgezeichneten ärztlichen Erkenntnisse gehen sicherlich auf noch wesentlich ältere Quellen zurück. Sie belegen, dass der „Bodensatz“ der Biererzeugung – im Wesentlichen die Bierhefe und Getreidereste – bereits als Heilmittel für die Erreichung eines möglichst hohen Alters und die Linderung unterschiedlichster Beschwerden, vor allem aber bei Hauterkrankungen, eingesetzt wurde.

Louis Pasteur (1822–1895)

Der Bodensatz aus den Biergefäßen oder Tonkrügen wurde – wieder in Bier aufgelöst – als Stärkungsmittel eingenommen oder als Kosmetikum auf erkrankte Hautstellen direkt aufgetragen. Bier hatte in Ägypten schon die Funktion, als Trägermedium für Auszüge aus Heilkräutern zu dienen. Der Alkohol im Bier löste dabei die Inhaltsstoffe der Heilkräuter; eine Methode die sich bis ins Mittelalter zur Verabreichung von Arzneien und Drogen halten konnte.
Aus den Aufzeichnungen der hl. *Hildegard von Bingen* (1089 – 1179) geht hervor, dass sie sehr viel von Bier als Heil- und Stärkungsmittel hielt, wobei sie zumeist von Dinkelbier spricht, das damals überwiegend gebraut wurde. In den Klostergärten wurden neben Gewürz- auch Heilkräuter kultiviert. Was also lag

Hl. Hildegard von Bingen (1089–1179)

näher, als das Bier mit diesen Naturheilmitteln zu versetzen? Heute wird Dinkel, auch Spelz genannt, nur mehr von wenigen Spezialitätenbrauereien zur Biererzeugung verwendet. Warum Dinkel unter die Einschränkungen des Reinheitsgebotes gefallen ist, ist nicht bekannt. *Hildegard von Bingen* war eine große Verfechterin der positiven Wirkungen dieser Getreideart, sowohl in Brotform wie auch als Bier. Oft empfiehlt sie in ihrem Werk *causa et cura* (Die Ursachen und die Heilung von Krankheiten): „cerevisiam bibat" (man trinke Bier)!

Noch zu Beginn der Neuzeit wurde eine Vielzahl von Heilbieren gebraut und ärztlich verordnet. Wermut- und Salbeibier gegen Magen- und Gallenbeschwerden, Beifußbier bei Frauenleiden, Melissenbier, um aus melancholischen Leuten fröhliche Zeitgenossen zu machen. Viele dieser Heilkräuter werden auch heute noch in Form von Heiltees in der Naturheilkunde verwendet. Wissenschaftliche Untersuchungen der Inhaltsstoffe konnten deren unbestritten heilende Wirkung belegen. Mit dem Aufkommen synthetischer Heilmittel, die zweifelsohne viele Krankheiten – oder deren Symptome – effektiver und schneller bekämpfen konnten als die natürlichen, gerieten viele dieser Naturheilmittel und Heilkräuter in Vergessenheit oder wurden von einem Teil der Ärzteschaft als nicht mehr zeitgemäß erachtet. Das gilt besonders für die therapeutischen Anwendungsmöglichkeiten der Wirkstoffe des Bieres und hier vor allem der Inhaltsstoffe der Bierhefe und des Hopfens.

Neben als Naturheilmittel anerkannten Heil- und Gewürzkräutern wurde im Laufe der Geschichte des Bieres als Heilmittel aber auch eine Vielzahl an „harten" Drogen dem Bier beigefügt, deren Inhaltsstoffe die Wirkung des Alkohols deutlich steigern konnten. Bilsenkraut, ein durchaus übliches Würzmittel im Mittelalter, wirkt stark berauschend und erotisierend und entwickelt halluzinogene Wirkungen. Dies war bereits den Ägyptern bekannt und wurde bei kultischen Handlungen zur Bewusstseinserweiterung und zur Kontaktaufnahme mit den Göttern genutzt. Die Wikinger brauten bis ins 13. Jahrhundert ein starkes so genanntes Grutbier mit der Zugabe von Sumpfporst, welches die sprichwörtliche „Berserkerwut" auslöste. Auch in Norddeutschland wurde dieses Grutbier lange Zeit als Relikt einer heidnischen Tradition gebraut. Noch im 17. Jahrhundert war es in Mecklenburg verbreitet und wurde dort unter Strafandrohung gestellt und streng verfolgt. Die Verwendung von Sumpfporst als Inhaltsstoff bei der Biererzeugung lässt sich in Skandinavien noch bis ins 20. Jahrhundert nachweisen.

Die Verwendung von Hanf an Stelle von Hopfen wurde schon mehrfach erwähnt, wobei – um hier der Euphorie der Hippiegeneration entgegenzutreten – angemerkt sei, dass die Wirkungen der Hanfinhaltsstoffe im Verhältnis zum Alkohol vergleichsweise gering sind. Hanf hat aber durchaus medizinisch nutzbare Inhaltsstoffe, vor allem bei der Behandlung von Asthma und chronischen Atemwegserkrankungen. Das heute in einigen Brauereien gebraute Hanfbier entfaltet durch die verwendeten Hanfsorten jedoch keine bewusstseinserweiternde Wirkung, vielmehr sind diese Biere eher stärker eingebraut, und die subjektiv spürbaren Wirkungen stammen sicherlich überwiegend vom im Bier enthaltenen Alkohol.

Medizinisch wird Bier heute vor allem als Kosmetikum verwendet. Haarspülungen mit Bier nach dem Haarewaschen – eventuell auch noch mit Biershampoo – geben dem Haar natürliche Festigkeit und Glanz und ersetzen den Haarfestiger.

Hanfbier

Alte Empfehlungen, wie das Verabreichen von „Nährbieren", zumeist eine Mischung aus dunklem Bier, vermischt mit Zucker und einem Ei, an Schwangere und stillende Mütter geraten – als anderes Beispiel – langsam in Vergessenheit.

Verloren gegangene Mineralstoffe, Spurenelemente und vor allem Wasser werden dagegen rasch durch den Genuss einiger Gläser Bier ersetzt. Die „vorverdaute" Nahrung Bier ist vom ausgelaugten Körper nach großen körperlichen Anstrengungen wesentlich leichter aufzunehmen und zu verarbeiten als isotonische Präparate mit chemischen Zusätzen und belastet den Magen nicht zu stark.

Nach Phasen als Naturallohn und germanisches Heidengesöff, als mittelalterliches Grundnahrungsmittel und zur klösterlichen Geldbeschaffung hat Bier heute mehr denn je die Chance, seinen guten Ruf zu verteidigen.

Heute, nach einem erfolgreichen Jahrhundert der Biochemie und der Ernährungswissenschaft (beide Disziplinen verdanken übrigens der althergebrachten Braukunst sehr viel!), wissen wir gut Bescheid über die Inhaltsstoffe des Bieres und deren breites Spektrum an Wirkungen auf den menschlichen Organismus.

Wussten Sie, dass auch mindestens drei amerikanische Präsidenten davon überzeugt waren? *Thomas Jefferson* propagierte schon im 18. Jahrhundert eine „gesunde Bier-Industrie", *Franklin D. Roosevelt* kippte die Prohibition und machte die Großproduktion von Bier in den USA möglich, und *Jimmy Carter* legalisierte die Hausbrauereien.

Biertrinker sind gesünder

Kann mäßiger Alkoholgenuss für unsere Gesundheit günstig sein? Nach und nach kam die Antwort: Ja! Forscher in Deutschland, Österreich, England, Israel, den USA und Japan haben bewiesen: Wer mäßig Bier genießt, bekommt u. a. weniger leicht Herzinfarkt und Schlaganfall. Und lebt besser!

Eine Studie von Prof. *Kuimo Suzuki* mit Tausenden Japanern hat das klar bewiesen. Die Teilnehmer wurden in zwei Gruppen eingeteilt: einerseits typische Biertrinker (Männer tranken einen Liter, Frauen einen halben Liter Bier täglich), andererseits in Konsumenten von Mineralwasser. Nach vier Jahren hat man die Teilnehmer neuerlich untersucht und die Ergebnisse verglichen. Verblüffung unter den Forschern, denn bei den Mineralwassertrinkern hatten sich keine wirklich positiven gesundheitliche Veränderungen ergeben. Dagegen eine Fülle von Änderungen bei den Biertrinkern. Diese hatten zum Beispiel einen besseren Händedruck. Nicht etwa weil durch das beständige Nachhauseschleppen von Bierkisten ein Trainingseffekt entstanden wäre. Nein, Bier enthält – wie wir später noch sehen werden – große Mengen an Kalium, das wieder für die Muskelfunktion nötig ist. Der Händedruck ist eben in der Medizin ein Ausdruck für die Muskelkraft.

Die Biertrinker waren heller im Köpfchen, sie konnten Aufgaben rascher und fehlerfreier lösen als die andere Gruppe. Dabei waren sie auch im Umgang mit Maschinen, vor allem mit Computern, cleverer. Bier führte auch dazu, dass eine längere Wegstrecke in kürzerer Zeit zurückgelegt werden konnte. Ein Beleg für die bessere Durchblutung in den Beinen?

Aber nicht einmal diese Erkenntnisse können unter der Rubrik „Neuigkeiten“ verbucht werden. Schon die graue Vorzeit, später das Mittelalter, wissen von „bierigen" Vorzügen im Rahmen der Heilkunde zu berichten.

Zahlreiche archäologische Funde belegen, wie gesagt, „Bierheilmittel", die bei vielen Krankheiten, besonders aber bei Hämorrhoiden, Verstopfung, Wurmbefall, Husten, verschiedenen Schmerzen und – sogar – bei Skorpionstichen mit durchaus beachtenswerten Erfolgen eingesetzt wurden. Immerhin wurden diese Heilmittel über Jahrtausende erfolgreich verwendet. Im *Papyrus Ebers* ist beispielsweise ein Getränk für die Zeit nach schwerer Krankheit, für die Rekonvaleszenz also, zu finden: Man mische einen Teil Harz, einen Teil Kümmel, vier Teile Gänsefett, vier Teile Honig und acht Teile Brot in reichlich süßes Bier, koche es ab, seihe es durch ein Tuch und trinke den Heilsaft innerhalb von vier Tagen in kleinen Schlucken.

König Hammurabi, (1728–1686 v. Chr.)

Wie Ausgrabungen in Mesopotamien belegen, waren die ersten historisch nachweisbaren Bierbrauer die Sumerer, Assyrer und Babylonier. Die Ausgrabungen in Catal Hüyük in Kleinasien ergaben, dass um 6000 v. Chr. die Bewohner einer der ältesten Steinzeitsiedlungen bereits Gerstenbier kannten. Bereits gegen Ende des 4. Jahrtausends vor Christus verbuken die Sumerer gemälztes Getreide zu „Getreidebrot", lösten diese Fladenbrote dann in Wasser auf und ließen das Gemisch vergären. Untrennbar ist die Entwicklung des Brotbackens mit dem des Bierbrauens verbunden. Erst durch die Aktivierung der Enzyme im Getreide wurde es möglich, eine Umwandlung der

Stärke des Getreides in vergärbaren Zucker zu erreichen. Das geschah am leichtesten, indem das Getreide zum Keimen gebracht und anschließend verbacken wurde. Dieser Umwandlungsprozess von Stärke in Zucker und dann in Alkohol war die erste biochemische Leistung der Menschheit. Die Erzeugung von Most und Wein hingegen ist biochemisch gesehen wesentlich einfacher, ist doch der zur alkoholischen Gärung notwendige Zucker bereits in der Frucht vorhanden. Es waren auch bereits verschiedene Sorten – unterschiedlich in Stärke und Zusammensetzung – bekannt, wobei sich der Bierkonsum nach dem sozialen Status richtete. Arbeiter bekamen beispielsweise 2 Liter Bier, ein Oberpriester bis zu 5 Liter Bier pro Tag. Der altbabylonische König *Hammurabi* (1728–1686 v. Chr.) sah sich veranlasst, zum Schutz seiner Untergebenen strenge Brau- und Ausschankregeln zu erlassen. Im Pariser Louvre kann man heute die in Keilschrift verfasste Gesetzesstele bewundern, deren Paragraphen 108–121 die älteste überlieferte Schankordnung der Welt darstellen.

Vordergründig ging es *Hammurabi* um den Schutz der Gesundheit seiner Untertanen und um die Verhinderung von Preistreiberei. Beim Bierausschank sollte das Verdünnen des Bieres unterbunden und die Verwendung minderwertiger Zutaten verhindert werden. Ein durchaus erwünschter und angenehmer Nebeneffekt für den Herrscher war die mit diesen Regeln verbundene gesetzliche Festsetzung einer ersten Biersteuer. Die Zeiten scheinen sich diesbezüglich nicht wesentlich geändert zu haben.

Ein kurzer Auszug aus dem martialisch anmutenden Text der Gesetzesstele lautet:

Die Wirtin, die sich ihr Bier nicht in Gerste, sondern in Silber bezahlen lässt oder die minderwertiges Bier teuer verkauft, wird ertränkt.

Eine Priesterin, die eine Wirtschaft aufsucht oder gar eine Wirtschaft eröffnet, wird verbrannt.

Bierpanscher werden in ihren Fässern ertränkt oder so lange mit ihrem Bier vollgegossen, bis sie ersticken.

Die Bestrafungen haben sich zwar heute deutlich geändert, die Problemstellungen einer Verfälschung des Bieres durch minderwertige oder gesundheitsschädliche Zutaten oder Preistreiberei sind auch heute noch die gleichen.

Die Bierherstellung war, wie man bereits aus den Gesetzestexten König *Hammurabis* ersehen kann, eine Domäne der Frauen und ist es auch bis ins Mittelalter geblieben, solange, bis Mönche in den Klosterbrauereien die Frauen langsam zu verdrängen begannen. Im privaten Bereich – dem Brauen von Bier für den Hausgebrauch – blieb diese Tradition aber bis ins frühe 20. Jahrhundert erhalten. Zur Heiratsausstattung jeder Braut gehörte ein großer – zumeist kupferner Kessel – der einerseits zum Wäschewaschen, aber gleichwertig auch zum Brauen von Bier verwendet wurde.

In Mesopotamien war Bier jedoch nicht nur das Hauptgetränk, sondern diente auch als Tausch- und Zahlungsmittel und ebenso als Maßeinheit für die Entlohnung von Arbeitern. Es wurden auch mehrere Sorten unterschiedlicher Stärke und Qualität gebraut.

In Ägypten wiederum war das Bierbrauen ein Staatsmonopol. Jeder, vom Pharao abwärts über die Offiziere und Beamten bis hinunter zu den Sklaven, erhielt täglich, je nach Stand und sozialem Rang, eine genau festgelegte Menge an Bier und Brot. Den Verstorbenen wurde neben Speisen auch Bier in Tonkrügen ins Grab mitgegeben, als Wegzehrung für die lange Reise ins Totenreich. Den Ägyptern waren mehr als 20 verschiedene Biersorten bekannt, die sich in Zusammensetzung und Alkoholgehalt deutlich voneinander unterschieden. Mit chemischen Analysen hat man aus den Überresten dieser Grabbeigaben die Zutaten bestimmt, und als besondere Attraktion werden heute diese so genannten Pharaonenbiere in Ägypten nachgebraut, wobei zu bezweifeln ist, ob diese Biere jemals so geschmeckt haben. Von den Ägyptern übernahmen Griechen, Juden und später auch die Römer das Wissen über die Kunst des Bierbrauens.

War Bier bei den Ägyptern noch ein wohlangesehenes Grundnahrungsmittel, so wurde es in der Folge bei den Griechen und Römern – klimatisch bedingt – durch den Wein verdrängt.

Bier geriet durch Propaganda der römischen Herrscher als „barbarisches“ Getränk in Verruf. Vor allem auch deshalb, weil Kelten und Germanen – die Feinde der Römer in Zentraleuropa – Biertrinker waren, die Römer aber dem Wein als Getränk einer „höheren“ Zivilisation den Vorzug gaben. Kaiser *Julian* (332–363 n. Chr.) verstieg sich in einem Spottgedicht sogar zur Behauptung: „Wein duftet nach Nektar, Bier aber stinkt nach Bock.“ Sein Nachfolger Kaiser *Flavius Valens* hingegen trank wiederum sehr gerne Bier. Die medizinischen Wirkungen des Bieres waren Römern und Griechen aber sehr wohl bewusst. So erwähnte der griechische Arzt *Hippokrates* (ca. 460–377 v. Chr.), einer der Begründer der wissenschaftlichen Heilkunde, diverse Anwendungsmöglichkeiten und Heilwirkungen des Bieres. *Hippokrates* empfahl Bier als ein „linderndes Mittel, gleichmäßig und ausgleichend, angenehm einzunehmen“ mit genügend Flüssigkeit, Durst stillend, die Verdauung und die Ausscheidung fördernd sowie gegen Schlaflosigkeit, zur Senkung des Fiebers und zur Entwässerung.

Hippokrates, (ca. 460 bis 377 v. Chr.)

An der „heilenden Wirkung“ des Bieres sind die Generationen nicht so leicht vorbeigekommen, der Erfolg gab dem Bier Recht. *Hippokrates* schrieb seinen Studenten: „Verweilen wir nur kurz beim Gerstensud, der mir unter den aus Getreide gewonnenen Nahrungsmitteln am besten bei akuten Beschwerden zu sein scheint ... denn er ist ein linderndes Mittel, gleichmäßig und ausgleichend, angenehm einzunehmen, er enthält genügend Feuchtigkeit, lindert den Durst, erleichtert die Ausscheidung, stört die Verdauung nicht und bildet keine Winde.“ *Hippokrates* verschrieb Bier denn auch bei Fieber, Nierenleiden und zur Entwässerung. Alles in allem hat der große Medicus bemerkenswert auf den Punkt gebracht, was die moderne Ernährungsforschung beinahe verzweifelt fordert. „Unsere

Nahrungsmittel sollen Heilmittel, unsere Heilmittel Nahrungsmittel sein ..."

So um 650 n. Chr. begann das Bierbrauen in den deutschen Klöstern. Erstmals wurde dabei auch Hopfen verwendet, dessen Inhaltsstoffe heute als besondere Gesundheitsfaktoren erkannt werden. Kein Wunder, dass sich die bierbrauenden Klöster bald zu Stätten der Heilkunde entwickelten.

Dinkel und die flüssige Form Dinkelbier waren sehr gefragt. Offenbar wurde damals schon die Wirkung des Bieres auf unsere Psyche erkannt, wie sie heute von der Stressforschung auch wissenschaftlich untermauert werden kann. So wurde Bier ganz besonders Menschen empfohlen, die an Schwermut litten, da es deren Mut hebe und die Kraft der Seele wieder herstelle. Auch kräftige es den Leib.

Kardinal Raymundus, (ca. 1236–1315)

Im Gegensatz zum bis dahin noch verbreiteten Heil-Glauben war *Paracelsus* bereits eine Art „Wissenschafter", der sich zumindest der deskriptiven Empirie – der beschreibenden Erfahrung – bediente. Eine seiner Meinungen war, dass Krankheiten durch körperfremde Substanzen verursacht würden, sich aber andererseits durch heilkräftige Substanzen heilen ließen. Beispiel: Bier.

Interessant nur, dass sich die moderne Medizin auf einmal wieder intensiv mit diesen Erkenntnissen beschäftigt.

„Das Bier habe reiche Nahrung und genügsames Nutriment, und der, der es trinkt, . . . erhalte gute und gesunde Feuchtigkeit, erhalte ein gut

Geblüte und brauche nicht zu warten, dass ihm der Stein nach Bier nicht so leicht wachse und ihm der Kopf nicht so sehr wehtäte. Zudem, wenn man sich darin wäscht, es macht nicht allein eine gute natürliche Farbe, sondern auch eine gelinde, saubere und reine Haut am Leibe ..."

Beobachtungen, Ahnungen, selten indessen fundiertes und dokumentiertes Wissen, die sich ums Bier rankten. Wie das obige Zitat des weiland Kardinals *Raymundus* beweist, wusste man das Bier aber schon vor Jahrhunderten nicht nur ob seiner geschmacklichen, vielmehr auch ob seiner – um es modern zu sagen – physiologischen und medizinischen Inhalte zu würdigen.

Kelten und Germanen verwendeten als Bitterstoffe für ihre Biere damals nicht den – ihnen bereits als Gemüse ähnlich dem Spargel – bekannten Hopfen, sondern die wesentlich bitterere, gerbstoffreiche Eichenrinde, diverse Gewürzkräuter und vor allem den Hanf.

Einen wesentlichen Anteil an der Entwicklung des Brauwesens in Mitteleuropa hatten im Mittelalter die christlichen Mönche. Irische Mönche brachten im Zuge der Christianisierung Mitteleuropas das Wissen, wie Bier gebraut wird, in unseren Raum und gründeten in Ettal und St. Gallen die ersten Klosterbrauereien im Alpenraum. Die Pläne der Klosterbrauereien – es gab mehrere Brauereien für verschiedene Biere pro Kloster – von St. Gallen sind erhalten geblieben und bezeugen den bereits sehr weit entwickelten technischen Stand des klösterlichen Brauwesens im Mittelalter.

Ein Hauptgrund für die rasche Ausbreitung der Klosterbrauereien waren die ziemlich strengen Fastengebote der jeweiligen Orden. Die Mönche erkannten nämlich bald, dass Bier nicht nur ein erfrischendes Getränk ist. Wenn man es nur kräftig genug einbraute, konnte es auch einen guten Teil des täglichen Kalorienbedarfs decken und die langen Fastenzeiten leichter ertragen helfen. Tagelang, ja manchmal auch wochenlang, durfte nach den Ordensregeln keine feste Nahrung aufgenommen werden, nur das

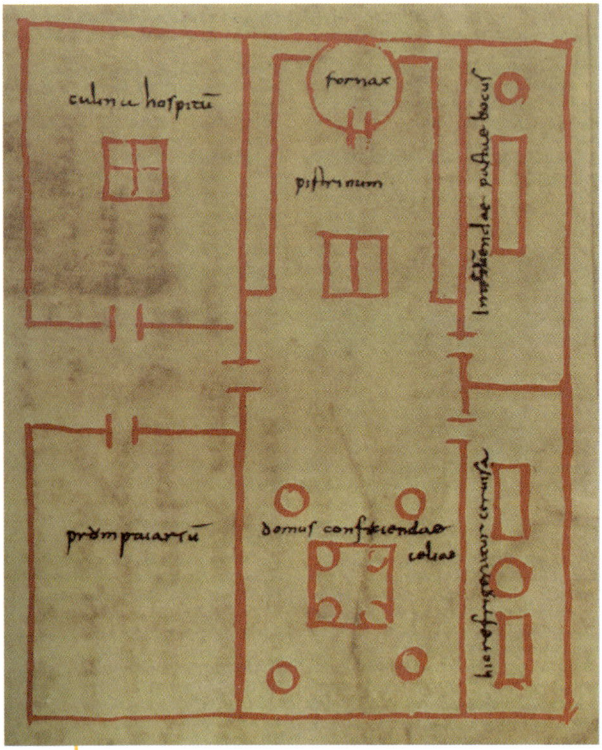

Plan der Klosterbrauerei St. Gallen aus dem Jahr 840. Deutlich erkennt man bereits getrennte Brau- und Lagerräume für das Bierbrauen.

Trinken war erlaubt, ganz nach dem kirchlichen Grundsatz: „liquida non frangunt ieunum“ – Flüssiges bricht das Fasten nicht. Aus dieser Zeit stammt auch der Begriff „flüssiges Brot“, was auf unser heutiges Bier, wie wir sehen werden, in dieser einfachen, verkürzten Form nicht mehr zutrifft.

Wie viel Bier Mönche und Nonnen trinken durften, wurde übrigens im Jahr 817 n. Chr. auf dem Konzil zu Aachen genau geregelt, wobei die Stärke der damaligen Biere mit unseren heutigen Bieren nicht vergleichbar ist.

In den Klöstern entwickelte sich sehr bald eine eigene Bierkultur, und das Klosterbier war von weit besserer Qualität als die Biere der Umgebung. Die Mengen, die in der angeführten

Verordnung geregelt und auch konsumiert wurden, sind für Biertrinker im Zeitalter von 0,5-Promille-Regelungen im Straßenverkehr fast unvorstellbar, wobei man sich vor Augen führen muss, dass die Biere jedoch einen wesentlich geringeren Alkoholgehalt als unsere heutigen Biere hatten. Das Trinken im Kloster unterlag strengen hierarchischen Abstufungen. Die Patres und der Abt erhielten ein würzigeres und stärkeres Bier als die Novizen und der Konvent, die mit dem so genannten „Conventus" – einer Art Dünnbier – vorlieb nehmen mussten.

*** Wenn das Kloster reich ist und im Lande viele Weinberge sind, soll jeder reguläre Chorherr täglich fünf Pfund Wein und eine Nonne drei bekommen.**

*** Gibt es wenig Weinberge, soll der Chorherr drei Pfund Wein und ebenso viel Gewicht an Bier erhalten, die Nonne aber von jedem zwei Pfund.**

*** Wo gar keine Weinberge sind, bekommt der Chorherr fünf Pfund Bier und nur ein Pfund Wein, die Nonne aber nur drei Pfund Bier.**

*** Wenn Wein selten ist, stehen dem Chorherrn zwei Pfund Wein und drei Pfund Bier zu.**

*** Wo gar kein Wein gebaut wird, soll er vier Pfund Bier und ein Pfund Wein erhalten.**

Sehr bald erkannten findige Mönche, dass mit dem Bierausschank eine interessante Einnahmequelle für das Kloster erschlossen werden konnte. Aber nicht nur die Klöster erkannten dies. Auch Kaiser, Könige und Fürsten zogen aus der Vergabe von Brauberechtigungen – und immer wieder aus der Besteuerung des Bierbrauens – wirtschaftliche Vorteile.
Klöster, denen das Braurecht zuerkannt worden war, konnten wie gewerbliche Brauereien arbeiten und in Konkurrenz zu den weltlichen Braustätten treten. Gegenüber diesen hatten sie jedoch nicht unwesentliche Wettbewerbsvorteile. Sie verfügten über preiswertes Getreide aus eigenem Anbau, aus Abgaben und Zehnten und über nahezu kostenlose Arbeitskräfte. Auch waren sie von der Entrichtung von Steuern befreit und nie von Brauverboten betroffen. Solche Verbote wurden bei Missernten von der

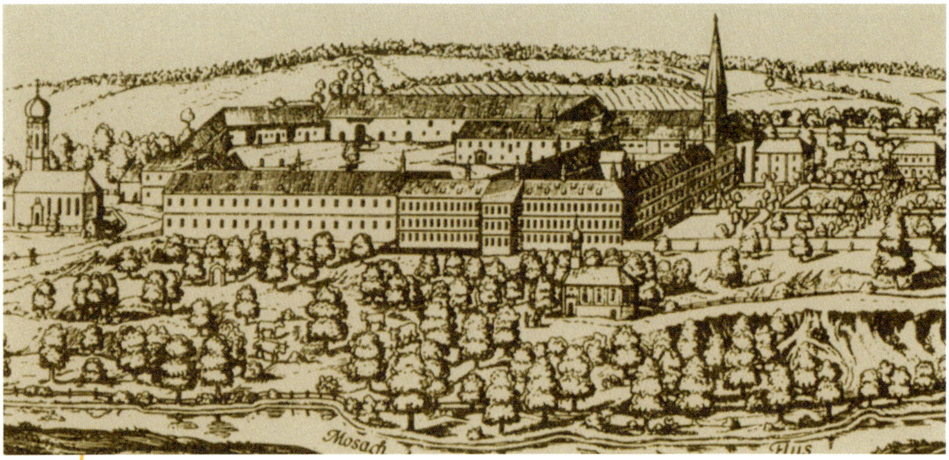

Kloster Weihenstephan bei München

Obrigkeit erlassen, um das Getreide der lebenswichtigen Broterzeugung zur Ernährung der Bevölkerung zuzuführen.

Eine der wichtigsten Klosterbrauereien war und ist das Kloster Weihenstephan bei München, das 1146 seine Brauberechtigung erhielt. Die Braustätte gilt als eine der ältesten noch heute existierenden Brauereien der Welt. Seit 1930 befindet sich dort die Fakultät für Brauwesen der Technischen Universität München. Ab 1150 wussten die Mönche in Weihenstephan bereits um die Bedeutung des Hopfens bei der Biererzeugung. Ihre Hopfenäcker lagen zwischen Inn, Alz und Salzach, im Salzburger Land, in Ober- und Niederösterreich, in Kärnten und in Tirol.

Ehrlichkeit im Brauertum war damals genauso gefragt wie heute. Den wenigsten Liebhabern des Gerstensaftes dürfte bekannt sein, dass zu Raymundus' Zeiten Panschbrauer, betrügerische Kellner oder Schankwirte entweder im eigenen Sud ersäuft wurden bzw. nach ihrem Tod im tiefen Brunnen einer Burg ausgerechnet im Wasser stehend bis zum Jüngsten Tag geistern müssen.

Das Reinheitsgebot von 1516

Die Fürsten und Herrscher sahen sich also zum Schutz der Gesundheit der Bevölkerung immer wieder veranlasst, strenge Brauverordnungen gegen das Bierpanschen zu erlassen. Denn das, was man im Mittelalter als Bier trank, hatte mit dem, was wir heute darunter verstehen, so gut wie nichts gemeinsam. Von den Grundzutaten wurden neben Gerste auch Weizen, Hafer, Hirse, Bohnen, Erbsen und andere stärkehaltige Körner genommen, soweit sich diese nur irgendwie vermälzen ließen. Hopfen wurde nachweislich erst ab dem Spätmittelalter der Würze beigegeben, obwohl er bereits ab dem 8. Jahrhundert als Kulturpflanze angebaut wurde. Absonderlich anmutende Beigaben wie Pech, Ochsengalle, Schlangenkraut, Eier, Ruß oder Kreide neben vielen Gewürzen, Heilkräutern und Hanf aus den Klostergärten führten dazu, dass am 23. April 1516 der Bayernherzog *Wilhelm IV.* ein „Reinheitsgebot" erließ, das

Sondermarke der Deutschen Bundespost: 450 Jahre deutsches Reinheitsgebot für Bier.

Wie das Pier summer vñ winter auf dem Land sol geschenckt vnnd praüen werden

Item Wir ordnen/setzen/vnnd wöllen/ mit Rathe vnnser Lanndtschafft / das füran allennthalben in dem Fürstenthůmb Bayrñ/auff dem lande/ auch in vnsern Stettñ vñ Märckthen/da deßhalb hieuor kāin sonndere ordnung ist / von Michaelis biß auff Georij / ain maſs oder kopffpiers über ainen pfenning Müncher werung/ vñ von sant Jorgen tag/biß auff Michaelis / die maſs über zwen pfenning derselben werung / vnd derenden der kopff ist / über drey haller/bey nachgesetzter Pene/nicht gegeben noch außgeschenckht sol werden. Wo auch ainer nit Mertzñ / sonder annder Pier prawen/oder sonst haben würde/sol Er doch das/kains wegs höher/dann die maß vmb ainen pfenning schencken/vnd verkauffen. Wir wöllen auch sonderlichen/ das füran allenthalben in vnsern Stetten/Märckthen/vñ auff dem Lannde/zů kainem Pier/ merer stückh / dañ allain Gersten / Hopffen/vñ wasser/ genomen vñ gepraucht sölle werdñ. Welher aber dise vnsere Ordnung wissentlich überfaren vnnd nit hallten wurde / dem sol von seiner gerichtzöbrigkait / dasselbig vas Pier/ zůstraff vnnachläßlich/ so offt es geschicht / genommen werden. Yedoch wo ain Gäuwirt von ainem Pierprewen in vnnsern Stettñ/ Märckten/oder aufm lande/yezůzeitñ ainen Emer piers/ zwen oder drey/kauffen / vnd wider vnnter den gemaynnen Pawrsuolck außschenncken würde/ dem selben allain/ aber sonnßt nyemandts/sol dye maſs / oder der kopffpiers/ vmb ainen haller höher dann oben gesetzt ist/ zegeben/ vñ/ außzeschencken erlaubt vnnd vnuerpotñ.

Übertragung des „Deutschen Reinheitsgebotes“ von 1516 in unser heutiges Deutsch

Damit verordnen, setzen fest und wollen wir mit dem Rat unserer Landschaft, dass künftig überall im Fürstentum Bayern, auf dem Land und in unseren Städten und Märkten, wo es keine besondere Verordnung hiefür gibt, (dass) von Michaeli bis Georgi eine Mass oder ein Kopf Bier für nicht mehr als einen Pfennig Münchner Währung und von Georgi bis Michaeli die Mass für nicht mehr als zwei Pfennig dieser Währung und der Kopf für nicht mehr als drei Heller bei unten angeführter Strafe hergegeben und ausgeschenkt werden soll. Wo immer einer kein Märzen, sondern ein anderes Bier braut oder sonstwie haben würde, soll er es keineswegs um mehr als einen Pfennig die Mass ausschenken und verkaufen. Insbesondere wollen wir, dass künftig überall in unseren Städten (und) Märkten und auf dem Land zum Bier nicht mehr Teile als Gerste, Hopfen und Wasser genommen und gebraucht werden sollen. Wer aber unsere Ordnung wissentlich übergeht und nicht hält, dem soll von seiner Gerichtsobrigkeit dieses Fass Bier zur Strafe, so oft dies geschieht, weggenommen werden. Wo aber ein Gauwirt von einem Bierbrauer in unseren Städten (und) Märkten und auf dem Land bisweilen einen Eimer Bier (oder) zwei oder drei kauft und (es) wieder unter dem gemeinen Bauernvolk ausschenken wollte, dem allein und sonst niemanden sollte es erlaubt und nicht verboten sein, die Mass oder den Kopf Bier um einen Heller teurer als es oben festgesetzt ist, abzugeben und auszuschenken.

als „Deutsches Reinheitsgebot“ noch heute im deutschen Biersteuergesetz enthalten ist. Weniger bekannt ist, dass bereits rund 100 Jahre vor dieser Verordnung eine ähnliche Bestimmung in Augsburg in Kraft getreten ist.

Diese Verordnung schrieb die ausschließliche Verwendung von Wasser, Gerstenmalz und Hopfen zur Biererzeugung vor. Der vierte Bestandteil – die Bierhefe – war zu diesem Zeitpunkt noch gar nicht bekannt. Hefezellen sind ja erst bei 800facher Vergrößerung unter dem Mikroskop erkennbar. Aber keine Regelung ohne Ausnahmen. Das von den Bayern so geschätzte Weißbier, hergestellt aus Weizenmalz, wurde von dieser Regelung ausgenommen, wobei sich gerade die bayerischen Herzöge das Braumonopol für diese Weizenbiere sicherten und sich damit über Jahrhunderte eine nicht unattraktive Einnahmequelle erschlossen. Das Reinheitsgebot wurde aber auch auf „sanften“ Druck der kirchlichen Obrigkeit erwirkt.

Die Gärung des Bieres erfolgte im Mittelalter, wie gesagt, weitgehend durch die in der Raumluft enthaltenen „wilden“ Hefen. Dass es dabei zu Fehlgärungen und Geschmacksbeeinträchtigungen kam, kann man sich unschwer vorstellen. Trotz allem war Bier in dieser Zeit das mit Abstand hygienischste – und damit dem Konsumenten auch bekömmlichste – Getränk. Wasser und Milch waren durch mangelnde bzw. völlig fehlende sanitäre Einrichtungen in den Städten mit Keimen und Bakterien belastet und verunreinigt. Dagegen wurde die Würze des Bieres zumindest einmal mit Hopfen gekocht und damit sterilisiert. Dass der Hopfen mit seinen Inhaltsstoffen antiseptisch wirkt, wusste man zu dieser Zeit freilich nicht. Ärzte und Naturwissenschafter, wie beispielsweise *Paracelsus*, ahnten aber bereits diese Zusammenhänge.

In einer wenig wissenschaftlich aufgeklärten Zeit gerieten viele Bierbrauer im Mittelalter unter „Zauberverdacht“; vereinte doch Bier in sich die vier Elemente Wasser im Brauwasser, Getreide für Erde, Luft bei der Gärung und Feuer im Brauvorgang. Beim Brauen wurde aus dem festen Stoff Getreide ein neues Pro-

dukt – das flüssige Bier – ein dem ungebildeten Laien unbegreiflicher alchemistischer Vorgang!
Harte Zeiten waren das.
Erst langsam gelingt es in unseren Tagen, die Schriften der Altvorderen tatsächlich auf wissenschaftliche Beine zu stellen. Zwar heimste der englische Neurologe *Sir Francis Anstie* sich anno 1862 noch schallende verbale Ohrfeigen der Kollegenschaft ein, als er einen Liter Bier pro Tag „für die Gesundheit förderlich und zuträglich“ empfahl (übrigens genau jene Menge, die auch nach den aktuellsten Studien unserer Zeit wieder gepriesen wird), doch verhalf Prof. *Raymond Pearl* von der Universität Baltimore (USA) dem englischen Kollegen im Jahr 1926 zu später Rehabilitation. *Pearl* konnte nämlich schon vor beinahe acht Jahrzehnten nachweisen, dass mäßiger, aber – immer wieder wird dasselbe zitiert – regelmäßiger Biergenuss zu einer Verlängerung der Gesamtlebenszeit führen dürfte.

Volksfeind Herzinfarkt

Sie ist die Geißel unserer Zeit – die Arteriosklerose. Jeder Zweite stirbt in den industrialisierten Ländern daran. An Herzinfarkt, an Schlaganfall, am Raucherbein. Ihre Ursachen sind ungemein vielfältig. Bluthochdruck und ein Zuviel an Blutfetten, Stress und Rauchen, Gefäßwandschäden und das Alter selbst. Und dann wären da noch die so genannten „freien Radikale". Keine politische Splittergruppe, wie man meinen könnte. „Freie Radikale" sind Substanzen unseres Körpers oder der Umwelt, die durch eine Reaktion mit Sauerstoff entstehen. Diese Verbindungen sind ungemein aggressiv und können eben Arteriosklerose oder sogar Krebs auslösen.

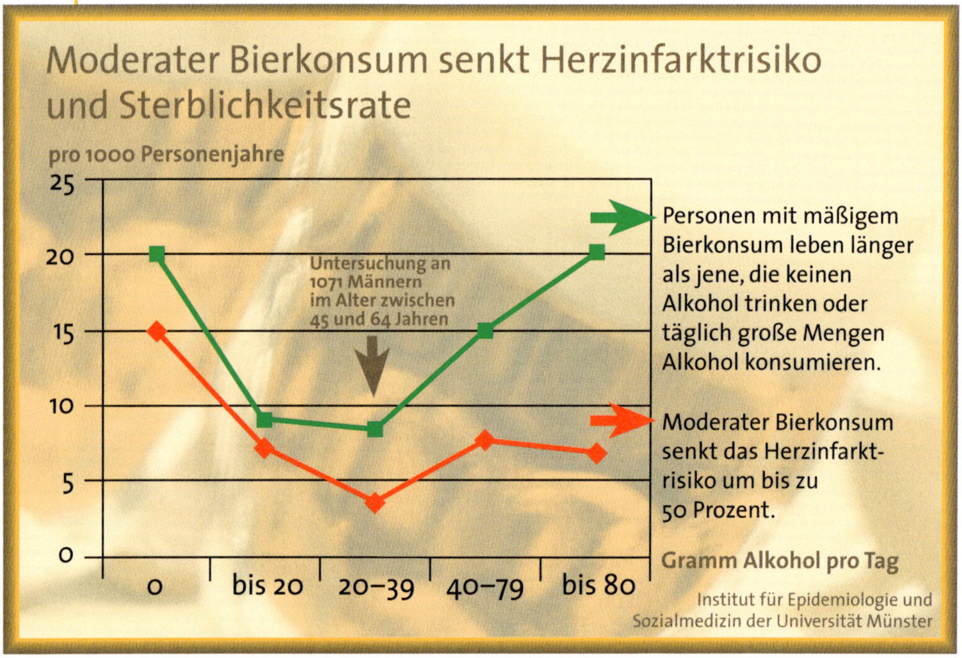

Ob dieser Vielfalt an Bedrohung konnte die Weltgesundheitsorganisation (WHO) nicht umhin, die Arteriosklerose – und damit die Herz-Kreislauf-Erkrankungen – unter jene Leiden zu reihen, die auch in den nächsten 50 Jahren die volle Aufmerksamkeit der Medizin fordern werden. Therapie und – noch viel früher – eine gezielte Vorsorge müssen neue Wege beschreiten, um die Volksgeißel Nummer eins in den Griff zu bekommen.

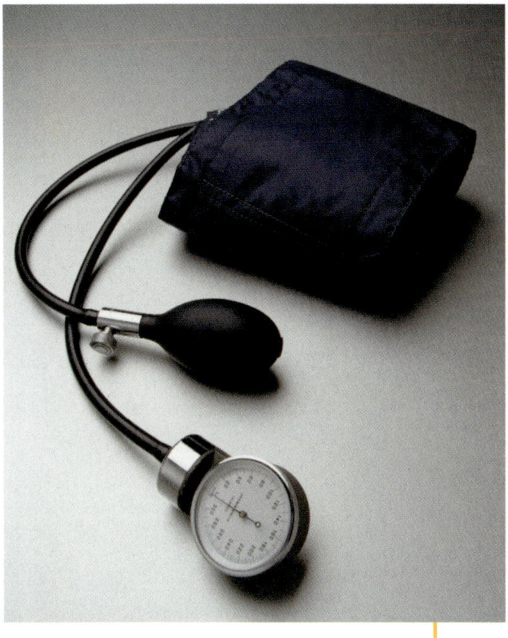

Dabei ist Arteriosklerose nicht ein unabwendbares Schicksal. Jeder kann dazu beitragen, das Drama zu beherrschen. Durch eine Änderung seines Lebensstils etwa, mit weniger Stress, mehr Bewegung und mäßigerem Essen („etwas mehr von der Pflanze, etwas weniger vom Tier"). Womit sich die Konzentration jener Stoffe, die vor „freien Radikalen" schützen – man nennt sie Antioxidanzien –, in unserem Körper deutlich erhöhen ließe.

Auf der Suche nach dem Schutz

1999 hat sich ein Institut für Antioxidanzien-Forschung in England die Frage gestellt, wie man sich denn ernähren müsse, um einigermaßen Schutz vor diesen gefährlichen Radikalen zu bekommen. Vier bis fünf Portionen Frischobst und Gemüse pro Tag, so haben die Forscher herausgefunden, enthalten eine entsprechende Menge an antioxidativen Schutzstoffen. Stattdessen könnten es auch sieben Gläser Orangensaft sein. Oder – da wird es

schon ein bisschen schwieriger – 20 Gläser Apfelsaft. Wie wäre es mit zwölf Gläsern Weißwein? Pro Tag! Auch in dieser Menge Wein sind reichlich Antioxidanzien zu finden. Ob dabei aber die Leber mitspielt?

Die englischen Wissenschafter haben aber noch eine Alternative zur Hand: Bier! In einem Liter Bier tummeln sich nach Ansicht der Briten genauso viele Schutzstoffe wie in fünf Portionen Obst pro Tag.

Genau mit diesem Punkt hat sich auch die *Graduate School für Wissenschaft und Technologie der Chiba-Universität* in Japan auseinandergesetzt. In einem bemerkenswerten Experiment setzte Prof. *M. Monobe* Mäuse einer radioaktiven Bestrahlung aus. Zuvor war den Tieren entweder Bier, verdünnter reiner Alkohol oder eine Salzlösung verabreicht worden. Wie nicht anders zu erwarten, wurden die Körperzellen der Mäuse durch die radioaktive Strahlung geschädigt. Frappierend dabei: Die Schäden waren am höchsten, wenn die Mäuse verdünnten Alkohol oder Salzlösung bekommen hatten, am geringsten, wenn sie zur „Bier-Gruppe" zählten. Die Folgerung liegt für die Forscher auf der Hand: „Für uns ist klar, dass die Verabreichung von Bier die durch Photonen und Kohlenstoff-Ionen verursachten Zellschädigungen – natürlich abhängig vom Zelltyp – reduziert hat. Dieser Effekt kann aber zweifellos nicht allein mit dem Rückgang der freien Radikale erklärt werden."

Wieder einmal wird also – zumindest indirekt – festgestellt, dass Bier noch mehr positive Wirkungen haben könnte, als uns bisher bekannt ist.

Eigentlich gibt es über das Grundsätzliche ohnehin nicht mehr viel zu diskutieren. Eine Vielzahl von Studien hat in den letzten Jahren nachgewiesen, dass mäßiger Alkoholkonsum mit einer teilweise erheblich reduzierten Gesamtsterblichkeit, aber auch mit einer verringerten Erkrankungshäufigkeit und Sterblichkeit bei Herz-Kreislauf-Erkrankungen verbunden ist. Was vermutlich auf eine Eindämmung der „freien Radikale" zurückzuführen ist.
So haben es sich etwa die Wissenschafter des Instituts für Sozialmedizin in Münster um Prof. *Wolfgang Keil* in der Beweisführung nicht leicht gemacht. Über 1000 Männer wurden über mehrere Jahre gewissermaßen auf Herz und Nieren untersucht. Und der Beweis scheint tatsächlich gelungen. Moderater Bierkonsum senkt eindeutig das Risiko, einen Herzinfarkt zu erleiden. Diese Studie wurde von mehreren Medizinern, darunter an der Universität New South Wales in Australien, mit praktisch denselben Ergebnissen bestätigt.

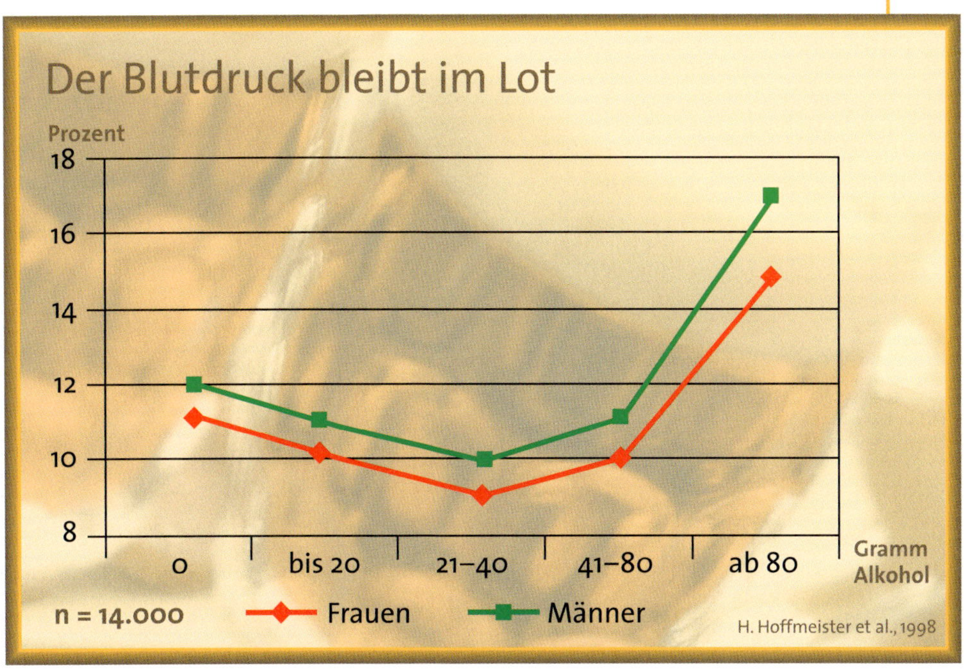

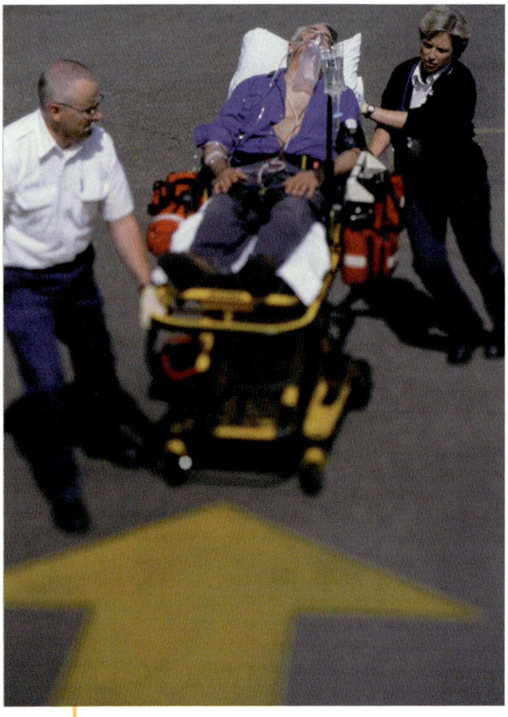

Im Vergleich zu einer Personengruppe, die keinen Alkohol zu sich nahm, sank jedenfalls die Rate der Herzinfarkte bei Biertrinkern um rund die Hälfte! Bier entfaltete seine herzschützende Wirkung auch unabhängig von Alter, Blutdruck, körperlicher Aktivität und Gewicht der untersuchten Personen.

Einen ebenso bedeutenden Beitrag zur Lösung des Phänomens lieferte eine israelische Arbeitsgruppe unter der Leitung von Frau Dr. *Shela Gorinstein*. An der hebräischen Universität von Jerusalem konnte nämlich nachgewiesen werden, dass Inhaltsstoffe des Bieres imstande sind, die Bildung von Blutgerinnseln zu verhindern, indem sie Fibrinnetze (eine Art „Klebstoff der Natur") – die in den Gefäßen zur Verstopfung führen würden – wieder aufbrechen.

Darüber hinaus haben die israelischen Forscher herausgefunden, dass mäßiger Bierkonsum auch qualitative Änderungen des im Blut zirkulierenden Fibrinogens bewirkt, so dass es ebenfalls zu einer Verringerung des Risikos von Gefäßverschlüssen kommt.

Der niederländische Arzt Prof. Dr. *E. Grobbee* (Clinische Epidemiologie, Julius Centrum) kann – ähnlich wie Dr. *Gorinstein* – zudem belegen, dass geringer bis moderater Alkoholgenuss durch eine günstige Beeinflussung der Blutfettwerte zu einer Reduktion von Herzerkrankungen beiträgt und das Risiko eines Schlaganfalls deutlich senkt. Nach diesen Beobachtungen wird das „gute" HDL-Cholesterin gesteigert, das „schlechte" LDL-Cholesterin dagegen gemindert.

Eine „Entzündungsbremse“

Arteriosklerose ist eigentlich nichts anderes als ein beständiger Entzündungsprozess in den Wänden der Arterien. Diese Entzündungen führen dazu, dass der Körper ganz bestimmte Stoffe (die man „Marker“ nennt) produziert, die sich mit Labormethoden nachweisen lassen.

Die Forschungseinheit des Ulmer Kardiologen Prof. *Wolfgang König* hat sich ganz besonders mit diesem Zusammenhang zwischen Alkoholkonsum und Entzündungs-Markern auseinander gesetzt. *König* und dessen Mitarbeiter untersuchten repräsentativ 2006 Frauen und Männer im Alter zwischen 18 und 88 Jahren. Das Ergebnis war eindeutig. Alkoholaufnahme und die Konzentration der Entzündungs-„Anzeiger“ hatten einen U-förmigen Zusammenhang, was nichts anderes bedeutet als einen Rückgang der (chronischen) Entzündung unter – mäßigem! – Alkoholgenuss. Wurde mehr getrunken, ist es unterdessen wieder zu einem Ansteigen der Entzündungszeichen gekommen. Das so genannte C-reaktive Protein – ein sehr sensibles Eiweiß –, das eben auf die systemische Entzündung reagiert, hatte aber immer dann die niedrigsten Werte, wenn um die 40 Gramm Alkohol täglich aufgenommen wurden. Interessanterweise genau jene Menge, die sich im empfohlenen Konsum von etwa einem Liter Bier täglich befindet.

Professor *König* kann diese Erkenntnisse an mindestens drei großen Studien nachvollziehen. Die MONICA-Studien in Augsburg, Glasgow (Schottland) und Lille (Frankreich) bestätigten jedenfalls eindeutig, dass ein mäßiger Alkoholkonsum – eigentlich sollte man lieber von Genuss reden – zu einer deutlichen Verringerung der Herzinfarkt- und Schlaganfallwahrscheinlichkeit führt.

Nach Prof. *König* lassen sich diese Korrelationen in verschiedensten Bevölkerungsschichten unterschiedlichster Länder beweisen. Mit einer großen Ausnahme allerdings. Quartaltrinker oder jene, die am Wochenende zu großem Alkoholkonsum neigen, profitieren in keiner Weise von der positiven, vorbeugenden Wirkung. Für sie wird Alkohol zum großen gesundheitlichen Problem.

Probleme scheinen sich auch Raucher einzuhandeln, ebenso wie jene, die Kaffee in größeren Mengen trinken. Dr. *Antonio Tavani* veröffentlichte im *European Journal of Epidemiology* einen wissenschaftlichen Bericht, in der er das Herzinfarktrisiko für den typischen Kaffeetrinker mit 100 bis 190 Prozent über dem Nicht-Kaffee-Konsumenten beschrieb, für den Raucher liegt dieses Risiko bei 310 bis 460 Prozent, für den (mäßigen) Biertrinker aber bei **minus** (!) 50 Prozent.

Ein Artikel im renommierten Journal der *American Medical Association* aus dem Jahr 2000 resümiert sogar: „Ein Verzicht auf Alkohol würde in den USA pro Jahr mehr als 81.000 Todesfälle durch Herz-Kreislauf-Erkrankungen zusätzlich bedeuten." Da spielt gewiss Bier mit seinem relativ geringen Alkoholanteil – aber vielen günstigen Inhaltsstoffen – eine entscheidende Rolle.

So ganz nebenbei, aber von größter Bedeutung: Immer wieder fallen in letzter Zeit Hinweise auf, die auch eine Wirkung des Bieres beim Raucherbein – der arteriellen Verschlusskrankheit der Beine – aufzeigen. Dr. *R. Vliegenthart* berichtete im *American Journal of Epidemiology*, dass regelmäßiger Bierkonsum die Wahrscheinlichkeit dieser oft zur Amputation führenden Krankheit bei Männern um 32 Prozent und bei Frauen sogar um 59 Prozent reduzieren kann.

Mit Herz und Hirn für Herz und Hirn

Doch nicht nur das Herz scheint zu profitieren. Selbst wenn alle Todesursachen miteinbezogen werden, zeigt sich höchst Erstaunliches: Biertrinker leben länger! Bei einem Konsum von 20 bis 40 g Alkohol pro Tag bei Männern (unter 20 Gramm bei Frauen) trat jedenfalls die geringste Gesamtsterblichkeitsrate auf.
Vernünftige Ernährung spielt eben eine entscheidende Rolle. Mit Herz und Hirn für Herz und Hirn, so sollten wir essen und trinken.
Erstaunlich, was in diesem Zusammenhang Wissenschafter der Universität Rotterdam bestätigt haben. Zwei, drei Glas Bier oder ein „Vierterl" Wein, zum Abendessen genossen, können einen Beitrag zur Verhütung der Arteriosklerose sein. Die Ärzte untersuchten in ihrer Studie das Cholesterin von Männern mittleren Alters, die drei Wochen lang pünktlich um sechs Uhr abends ihr Abendessen einnahmen und dazu Bier oder Wein tranken. Eine andere Gruppe erhielt dagegen nur Mineralwasser als Tischgetränk. Das Ergebnis der Laboruntersuchungen lässt aufhorchen. Während sich in der „Mineralwassergruppe" nichts tat, kam es in der „Bier- und Weingruppe" zu einem deutlichen Anstieg des HDL-Cholesterins („gutes" Cholesterin, das als Schutzfaktor gegen Arteriosklerose gilt). Zugleich sank das „schlechte" LDL-Cholesterin.
Womit wieder einmal auch andere Forschergruppen, von denen bereits berichtet wurde, bestätigt sind.
Dass zugleich der „biologische Klebstoff" Fibrinogen verringert wird, folgern die Wissenschafter daraus: „Diese Effekte könnten von anti-arteriosklerotischer Bedeutung sein und die Beobachtungen unterstreichen, dass moderater Alkoholkon-

sum eine Vorsorge gegen Herzkranzgefäß-Erkrankungen darstellt." Tatsächlich: An der Universität von Western Australien war es den Forschern mit Dr. *S. B. Dimmitt* an der Spitze 1998 erstmals gelungen, die „antithrombotische" Wirkung des Bieres wissenschaftlich nachzuweisen. Schon 0,5 Liter Bier pro Tag führten, in einer zwölf Wochen dauernden Studie, zu einer deutlichen Reduktion von Fibrinogen, Blutplättchen sowie einem weiteren Faktor, der für eine verstärkte Blutgerinnung sorgt.

Positive Fakten, die Prof. *Serge Renaud* aus Bordeaux aus seiner Sicht bestätigt. Der Franzose – mit einem Arbeitsplatz mitten in einem der besten Rotweingebiete der Welt – lässt keine Zweifel aufkommen: „Biertrinker haben beispielsweise deutlich niedrigere Blutdruckwerte. Auch die Gesamtsterblichkeit ist beim regelmäßigen Biertrinker verringert."

Insgesamt hat sich herausgestellt, dass der viel zitierte Rotwein sicher nicht besser schützt als Bier. Im Gegenteil: Die Schutzwirkung vor Herzinfarkt ist – geht es nach epidemiologischen Studien – beim Bier um das rund Zehnfache höher als beim viel gepriesenen Wein.

Eine Tatsache, die im Oktober 2002 während einer Konferenz zum Thema Alkohol und Gesundheit in Brüssel aufs Tapet kam. Als der Tagungsvorsitzende abstimmen ließ, ob nach Meinung der Kongressteilnehmer Wein oder gar Bier als besserer Herzschutz gelte, war das Ergebnis verblüffend und das Erstaunen groß. Mit ihrem „Hand hoch" votierten 85 Prozent der Tagungsteilnehmer für das Bier!

Biertrinker sind intelligenter

Um die zuvor genannte Schutzwirkung haben bekennende Biertrinker vermutlich immer schon gewusst.
Möglicherweise auch um dieses Faktum: Biertrinker sind intelligenter!
Eine japanische Untersuchung mit 2000 Personen im Alter zwischen 40 und 79 Jahren, die täglich einen Liter Bier trinken mussten – oder besser gesagt durften –, hat es im Jahr 2000 zutage gebracht. Nachdem biertrinkende Männer und Frauen regelmäßig auf deren Intelligenz geprüft worden waren, staunte das auswertende Team nicht schlecht. Die Männer hatten um 3,3 Punkte, die Frauen um 2,5 Punkte auf der Intelligenzskala im Vergleich zu einer Kontrollgruppe zugelegt!
Bier scheint also für eine bessere Hirnleistung gesorgt zu haben, was durch eine verbesserte Durchblutung zustande gekommen sein könnte. Wobei es natürlich auch eine Erklärung (Vermutung) dafür gibt, weshalb die Damen einen geringeren Punkteanstieg verzeichnet haben als das angeblich stärkere Geschlecht: Sie waren vermutlich von vornherein bereits intelligenter und konnten deshalb gar nicht mehr so viel nachholen.
Oder ist das gar eine böse Unterstellung den Männern gegenüber?

Hilfe bei Demenz?

Und weil wir schon bei der Hirnleistung sind. Neuere Forschungsergebnisse lassen auf eine wichtige Funktion von Bier bei der Verhütung von Demenzen schließen. Das sind Erkrankungen, die über kurz oder lang zu einem manchmal völligen Verlust geordneter Handlungen führen und den älteren Menschen wieder ins Säuglingsalter zurückversetzen. Die Alzheimer-Erkrankung gehört dazu oder auch die Folgen von Durchblutungsstörungen im Gehirn. Demenzen werden in den nächsten Jahren Hunderttausende Menschen betreffen, weil wir immer älter werden und Hirnleistungsstörungen mit dem Alter ganz einfach erheblich zunehmen.

Was man eigentlich schon seit Jahrhunderten beobachtet hat, scheint jetzt beweisbar zu werden. Mäßiger Alkoholgenuss kann diese Demenzen wenigstens zum Teil in Schach halten. Am Beth Israel Medical Center von Boston in den USA fand Dr. *M. Mukamal* möglicherweise einen der Schlüssel zur Bekämpfung von Hirnleistungsstörungen. Ihm gelang es jedenfalls, zu beweisen, dass eine Alkoholmenge, die einem täglichen Konsum von rund einem Liter Bier entspricht, die Wahrscheinlichkeit für eine Demenz sinken lässt.

Und was die Durchblutung des Gehirns betrifft, fällt eine Beobachtung der Universitätsklinik für Neurologie in Innsbruck (Österreich) auf. Dort hat man festgestellt, dass die hauptzuführenden Gefäße des Gehirns – die Carotis-Arterien – sich unter mäßigem Alkoholgenuss wesentlich weniger verengen als bei jenen Menschen, die viel trinken oder die – man glaubt es kaum – völlige Antialkoholiker sind.

Die Erfahrungen der österreichischen Wissenschafter werden mittlerweile weltweit geteilt. Jüngstes Beispiel: Der erwähnte *Dr. M. Mukamal* konnte auch feststellen, dass der Genuss von bis zu sechs oder sieben „drinks“ pro Woche (wieder handelt es sich um eine Menge, die rund einem Liter Bier pro Tag entspricht) das Risiko für einen vorzeitigen Verschluss der Carotis-Arterien verringert. Dagegen wurde einmal mehr bekannt: Wenn die Alkoholmenge steigt, kommt es zu einer deutlich zunehmenden Gefahr für die Verengung der Carotis-Gefäße.

So hat sich auch in anderen groß angelegten Projektstudien gezeigt, dass Biertrinker besser vor diesen Krankheiten geschützt sind. Dies könnte, vermuten manche Fachleute, damit zusammenhängen, dass bei regelmäßigem Bierkonsum die Konzentration der Aminosäure Homozystein im Blut sinkt. Und gerade dieses Homozystein – über das wir noch ausführlich berichten werden – dürfte einer der Hauptfaktoren für das Auslösen der gefürchteten Demenzen sein.

Gerade deshalb sticht eine Studie des niederländischen Mediziners *van der Gaag* ins Auge, der Personen nach mehrwöchigem Genuss von reinem Wasser, Bier, Rotwein oder Schnaps untersucht hat. Beinahe unglaublich, aber wahr: Bei Biertrinkern war die Homozystein-Konzentra-

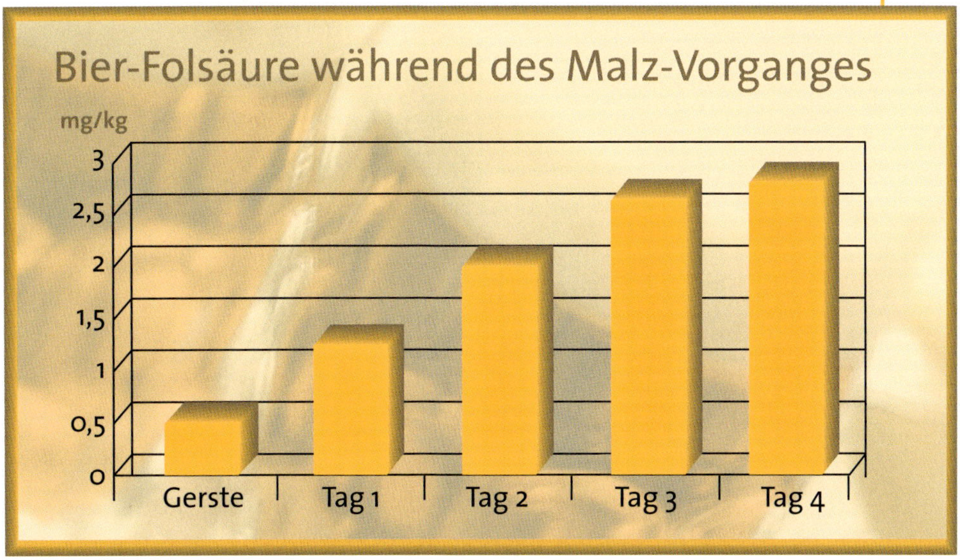

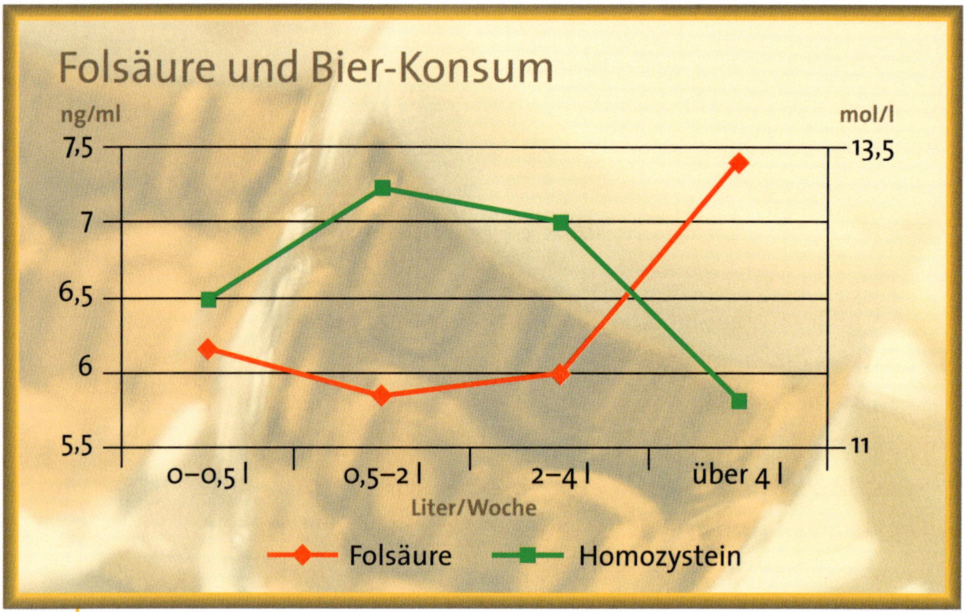

tion im Blut am niedrigsten. Niedriger noch als bei Wassertrinkern. Was zunächst als statistischer Fehler erscheinen mag, lässt sich leicht erklären. Nur Bier hat hohe Anteile an Folsäure, die eben als natürlicher Homozystein-Stopper wirken. Am schlechtesten waren – wie nicht anders zu erwarten – die Schnapstrinker dran. Sie hatten die höchsten Homozystein-Werte.

Noch eine schwere Erkrankung des Gehirns, der Morbus Parkinson, scheint für die Wissenschaft im Zusammenhang mit Bier von Interesse. Prof. *Mike Hernan* und die Forscher am Institut für Epidemiologie der Harvard School in Boston (USA) haben herausgefunden, dass stark alkoholhaltige Getränke ebenso wie der regelmäßige Griff zum Weinglas die Wahrscheinlichkeit für eine Parkinson-Erkrankung steigen lassen. Anders jedoch beim Biergenuß: Schon bei insgesamt rund 1,5 Litern Bier pro Woche kommt es im Vergleich zu jenen, die kein Bier tranken bzw. Wein oder Schnaps konsumierten, zu einer Reduktion der Erkrankungswahrscheinlichkeit von rund einem Drittel!

Wie ist das mit dem Zucker?

Das ist zweifellos eine der meistgestellten Fragen in den Arztpraxen: Wie ist das mit dem Alkohol bei Zuckerkrankheit? Die Frage war lange Zeit nicht einfach zu beantworten. In den letzten Jahren gibt es aber einige Änderungen in der bisherigen Einstellung.

Zunächst einmal: Zuckerkrankheit, im Fachbegriff Diabetes mellitus, ist eine gefährliche Stoffwechselkrankheit. Zur besseren Unterscheidung wird sie in vier verschiedene Formen unterteilt: Typ-1-Diabetes („Jugendzucker"), Typ-2-Diabetes (der „Alterszucker"), Schwangerschaftszucker sowie durch verschiedene andere Krankheiten hervorgerufener Zucker. Mit 90 Prozent die häufigste und somit für die Volksgesundheit wichtigste Form ist der so genannte Typ-2-Diabetes.

Nach Schätzungen der Weltgesundheitsorganisation (WHO) beläuft sich die Zahl der Typ-2-Diabetiker auf weltweit etwa 146 Millionen. Jährlich kommen 600.000 neue Fälle hinzu. Die WHO spricht von einer regelrechten „Epidemie" und erwartet bis zum Jahr 2025 insgesamt 270 Millionen Altersdiabetiker weltweit.

Der Typ-2-Diabetes ist vorwiegend eine Krankheit der westlichen Industriestaaten. Die Diagnose wird in der Regel nach dem 45. Lebensjahr gestellt, das Durchschnittsalter bei Diagnose liegt bei 65 Jahren. In armen Ländern mit niedriger Lebenserwartung ist Alterszucker erwartungsgemäß seltener anzutreffen. Neben der höheren Lebenserwartung sind aber auch Übergewicht und Bewegungsmangel am sprunghaften Ansteigen der Krankheit schuld.

Altersdiabetes ist heimtückisch, weil er zu schwerwiegenden Langzeitschäden führen kann. Weil die Krankheit nur allzu oft lange nicht festgestellt wird, können sich solche Schäden immer mehr ausbreiten. Beim Typ-2-Diabetes muss dennoch

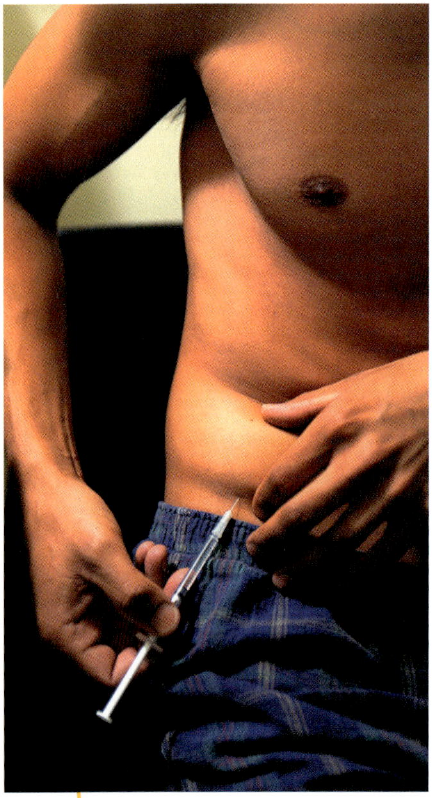

nur selten das Blutzucker senkende Hormon Insulin gespritzt werden. Meist reichen Medikamente aus, die man allerdings täglich schlucken muss. Häufig genügt es sogar, ein wenig abzuspecken und sich mehr zu bewegen, um den Blutzuckerspiegel wieder auf normale Werte zu senken.

Die gefürchteten Langzeitschäden betreffen vor allem die Blutgefäße. Man spricht von Makroangiopathie, wenn große Blutgefäße betroffen sind, von Mikroangiopathie, wenn vor allem kleine und kleinste Gefäße geschädigt sind. Die mikrovaskulären Schäden betreffen die Augen (Netzhautschädigung, Erblindung!) oder Nieren (Niereninsuffizienz, die bis zur Dialyse oder Nierentransplantation führen kann).

Die früher auftretenden makrovaskulären Schäden Herzinfarkt und Schlaganfall sind unmittelbar lebensgefährlich und verlaufen oft tödlich. Der Herzinfarkt ist bei Zuckerkranken häufig „stumm“, das heißt, er wird mitunter gar nicht bemerkt, weil die schmerzleitenden Fasern am Herz wegen der Krankheit ebenfalls geschädigt wurden. Wer schon einen Herzinfarkt überlebt hat, kann relativ häufig einen weiteren – dann oft tödlichen – Infarkt erleiden, sofern nicht rechtzeitig prophylaktisch mit Medikamenten vorgesorgt werden kann.

Zuckerkranke haben jedenfalls eine verminderte Lebenserwartung. Durch gezielte Behandlung kann diese aber deutlich verbessert werden. So sinkt bei guter Therapie das Risiko, an einem Schlaganfall zu sterben, um 15 Prozent, beim Herzinfarkt um 16 Prozent und das Risiko für mikrovaskuläre Schäden gar um 25 Prozent.

Viele Arzneimittel, die bei regelmäßiger Einnahme erwiesenermaßen die Lebenserwartung von Herzinfarktpatienten verlängern, sind bereits auf dem Markt.

Normalerweise wird Glukose (Traubenzucker) im Blut an die Organe (z. B. Muskulatur) transportiert und dort durch die Vermittlung von Insulin aufgenommen. Das Insulin wird in der Bauchspeicheldrüse produziert und bei Bedarf in die Blutbahn abgegeben. Die Zuckerkrankheit entsteht dann, wenn einerseits die Insulinproduktion gestört ist und andererseits die Organe eine Insulinresistenz entwickeln (Ausdruck einer gewissen Ermüdungserscheinung durch Überangebot). Der Altersdiabetiker produziert noch Insulin, es reicht aber nicht mehr aus, um das Angebot an Glukose zu verwerten. Der Blutzuckerspiegel steigt an und mit ihm das Krankheitsrisiko.

Bei der Behandlung des Typ-2-Diabetes geht es also nicht darum, fehlendes Insulin zu ersetzen, sondern die Produktion und Aufnahme des Insulins zu verbessern. Das kann mit verschiedenen Medikamenten erreicht werden. Ihr Nachteil: Sie müssen regelmäßig eingenommen werden. Weil dadurch der Insulinspiegel ansteigt, müssen die Betroffenen aber ebenso regelmäßig essen, damit nicht die ebenso gefährliche Unterzuckerung auftritt. Seit kurzem sind neue Medikamente erhältlich, welche den Blutzuckeranstieg nach Mahlzeiten besser steuern. Die Mittel werden jeweils mit dem Essen eingenommen und können ausgelassen werden, wenn auch die Nahrungsaufnahme entfällt. Das macht die Kontrolle der Krankheit einfacher und senkt gleichzeitig das Risiko für Unterzuckerung und Folgeerkrankungen.

Alkohol war lange Zeit für den Diabetiker tabu. Jetzt scheint sich das Blatt zu wenden. Denn Alkohol, so weiß man erst seit einigen Jahren, erhöht nämlich die Sensitivität (Feinfühligkeit) des Insulins. Gleichzeitig wird mehr Glykogen gebildet, womit es zu einer besseren Stabilisierung der Blutzuckersituation kommen kann. So kann u. a. Prof. *Mack Mitchell*, Internist in den USA, belegen, dass mäßige Alkoholaufnahme das Risiko für eine Zuckerkrankheit um sage und schreibe 39 Prozent senkt. Ebenso geht die Wahrscheinlichkeit für den so genannten „Alterszucker" zurück.

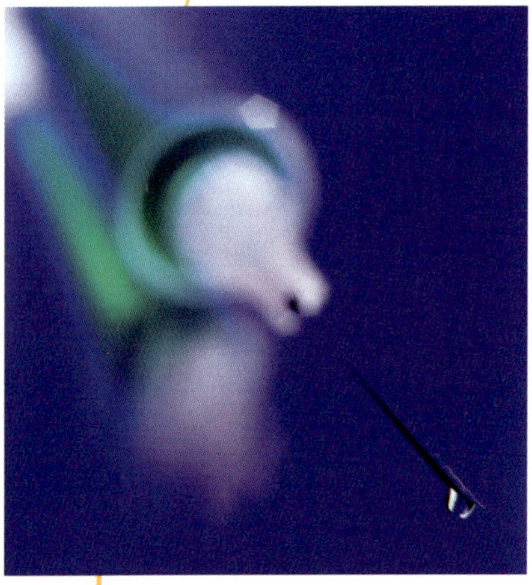

Aufhorchen lassen nun auch Studien von Prof. *S. G. Wannamethee* an der Abteilung für Ernährung der Harvard School for Public Health im amerikanischen Boston. Die Forscher dort haben nicht weniger als 109.000 Menschen mit Alterszucker untersucht. Was dabei herauskam, unterstützt die Ansicht Prof. *Mitchells*, ja übertrifft sie sogar noch.

Jene Personen, die regelmäßig – aber – wir vermuten richtig: mäßig – Bier, in diesem Fall auch Wein, getrunken haben, neigten am wenigsten zur Entwicklung eines Alterszuckers. Das größte Risiko bestand beim Konsum von stark alkoholischen Getränken.

Prof. *Wannamethees* Resümee: Geringe bis mäßige Konsumation von Bier und Wein ist augenscheinlich mit einem geringeren Risiko für den Typ-2-Diabetes (Alterszucker) verbunden. Aber es sei deutlich darauf hingewiesen, dass eine vermehrte Alkoholaufnahme die Wahrscheinlichkeit für eine Zuckerkrankheit wieder rasch ansteigen lässt.

Das Geheimnis des Hopfens

Der Anteil des Hopfens (humulus lupulus) am fertigen Bier ist – abhängig von der Biersorte – mit 200–500 Gramm pro Hektoliter zwar relativ gering, doch ohne den charakteristischen Bitterton des Hopfens würde Bier nicht nach Bier schmecken. Der Hopfen gibt dem Bier die sortentypische Würze und seinen feinherben Geschmack.

Hopfen ist eine dem Hanf verwandte Kletter- bzw. Schlingpflanze, die entlang von Hopfenstangen oder Hopfendrähten wächst und bis zu 8 Meter hoch wird. Die Wirkstoffe des Hopfens sind die so genannten Lupulinkörner, die in den unbestäubten Blütenstängeln der weiblichen Hopfenpflanzen vorkommen. Nur diese unbefruchteten, weiblichen Dolden werden heute für die Biererzeugung verwendet. Die kleinen Lupulinkörner im Hopfen enthalten ein Sekret, bestehend aus Hopfenöl, Bitterstoffen und Gerbstoffen. Es sind vor allem die Bitterstoffe im Hopfen, die Humulone und Lupulone, denen medizinische Wirkungen zugeschrieben werden.

Hopfen wird in unterschiedlichster Form angeboten, von der getrockneten Hopfendolde (Naturhopfen) über gepresste Pellets aus Hopfenpulver bis hin zum konzentrierten, flüssigen Hopfenextrakt. Welche dieser Verarbeitungsformen des Hopfens zur Biererzeugung herangezogen wird, ist nicht so entscheidend. Wichtiger ist die Qualität und Sorte des Naturhopfens. Gerade hier gibt es starke sorten- und auch – bei einem landwirtschaftlichen

Hopfen in seinen verschiedenen Verwendungsformen, getrockneter Naturhopfen, gepresste Pellets.

Naturprodukt nicht weiter verwunderlich – jahrgangstypische Unterschiede hinsichtlich des Aromas und der Bitterstoffe. Die ätherischen Öle des Hopfens sind hochflüchtig, daher ist eine optimale Lagerung bei entsprechender Temperatur in Kühlräumen und bei geeigneter Luftfeuchtigkeit besonders wichtig. Hopfen verliert bis zu 35 % seines Brauwertes innerhalb eines einzigen Jahres bei nicht ordnungsgemäßer Lagerung, da die feinen Aromastoffe verloren gehen.

Im fertigen Bier verbleiben nur mehr rund 20 % der Hopfenbitterstoffe. Sie sind nicht nur für den charakteristischen, bitteren Geschmack des Bieres verantwortlich, sondern unter anderem auch für die Haltbarkeit und Konsistenz des Bier-

schaums. Bei der Biererzeugung nicht unwesentlich ist die antiseptische Wirkung der Lupulinkörner, die bei der Gärung die Vermehrung unerwünschter Milchsäurebakterien verhindert.
Für gewisse Biertypen – vor allem für Pils – wird spezieller Aromahopfen verwendet. Größter Hopfenproduzent der Welt ist Deutschland und hier wiederum Bayern mit rund 30 % der Weltproduktion. Durch den Hopfenanbau geprägt sind vor allem die Regionen Hallertau, Tettnang, Spalt, aber auch das tschechische Saaz.
Nicht umsonst sagt man: „Wenn das Wasser der Körper des Bieres ist, so ist der Hopfen sein Blut." Erst Hopfen gibt dem Bier seine typische Würze. Mehr noch: Das gelbe Pulver der Hopfendolden hat es wirklich in sich.
Im Konzert der positiven Inhaltsstoffe des Bieres spielen nämlich jene aus dem Hopfen, die Polyphenole und die Hopfenbitterstoffe, die erste Geige. Sie, die man „sekundäre Pflanzenstoffe" nennt – mit denen sich eine Pflanze beispielsweise gegen Umwelteinflüsse schützt –, haben auch für den Menschen ein ganz besonders breites Spektrum an gesundheitlichen Wirkungen.
Einige Beispiele:

Antimikrobielle Wirkung

- Polyphenole des Hopfens hemmen das Wachstum von Bakterien wie „Streptococcus mutans" oder „Streptococcus sobrinus", die zu Zahnkaries führen können.
- Extrakte des Hopfens (Beta-Säuren) können über eine Hemmung von „Clostridium botulinum" und „Clostridium difficile" Lebensmittelvergiftungen vorbeugen.
- In Versuchsreihen wurde herausgefunden, dass Hopfeninhaltsstoffe das Wachstum von Leukämiezellen zu hemmen vermögen.

Lupolon kann das Wachstum von „Helicobacter pylori“ reduzieren. Dieses Bakterium führt zu einer Reihe von Entzündungen und Beschwerden im Magen-Darm-Trakt des Menschen und ist möglicherweise auch (zum Teil) für das Entstehen der Arteriosklerose verantwortlich. Eine Studie der Universität Ulm, an der 425 Personen teilgenommen hatten, zeigte, dass Helicobacter-Infektionen am ehesten dann vorkommen, wenn kein Alkohol konsumiert wird. Schon bei einem wöchentlichen Genuss von 75 Gramm Alkohol (das entspricht etwa zwei Litern Bier pro Woche) sank die Infektionsrate um ein Drittel, bei höherem Alkoholkonsum sogar um zwei Drittel!

Antioxidative Wirkung

Polyphenole sind die häufigsten und wirksamsten Antioxidanzien in Lebensmitteln mit pflanzlicher Herkunft. Sie wirken, wie gesagt, gegen die schädlichen „freien Radikale“.

Die Polyphenole des Bieres und des Rotweins und das Flavonoid Quercetin bewahren das „schlechte“ LDL-Cholesterin vor der chemischen Reaktion mit Sauerstoff (Oxidation), so dass die Wahrscheinlichkeit an Herz-Kreislauf-Beschwerden zu erkranken, gebremst wird.

Manche Phenole können durch ihre antioxidative Eigenschaft die Bildung krebserregender Stoffe (z. B. Nitrosamine) mildern.

Antithrombotische Wirkung

Im menschlichen Körper wird das Blutgerinnungssystem durch ein Gleichgewicht beherrscht. Kommt es zu Störungen und nimmt die Blutgerinnung zu, besteht die Gefahr, einen Herzinfarkt oder Schlaganfall zu erleiden.

Holländische, japanische, israelische, amerikanische und deutsche Untersuchungen lassen indessen darauf schließen, dass die Aufnahme von Flavonoiden, wie sie auch im Bier enthalten sind, das Blutgerinnungssystem wieder ins Lot bringen können. Personengruppen mit der höchsten Aufnahme von Flavonoiden hatten in diesen Studien die geringste Sterblichkeitsrate.

Entzündungshemmende Wirkung

Flavonoide hemmen die typischen Auswirkungen einer Entzündung. Sie senken das Ausmaß der Schwellung, reduzieren die Schädigung der Blutgefäße und die Rötung in der Umgebung der Entzündung.
Im Tierversuch wurde die entzündungshemmende Funktion von Humolonen ebenfalls bereits nachgewiesen.

Anti-Krebs-Wirkung

Mehrere Flavonoide des Hopfens (z. B. Xanthohumol und Isoxanthohumol) können – so haben Beobachtungen gezeigt – das Wachstum von Krebszellen hemmen. Aber Vorsicht bei voreiligen Schlüssen: Dabei handelt es sich um Versuche, die zwar durchaus vielversprechend verlaufen, aber noch nicht als endgültiger Beweis gelten können!
Im Tierversuch haben Humolone aber u. a. das Wachstum von Hauttumoren bei Mäusen gehemmt.

Schützt Bier vor Krebs?

Vor einigen Jahren tauchten immer wieder ähnlich lautende Meldungen in der Regenbogenpresse auf. Vorsicht! Bierkonsum kann zu Krebs führen.

Heute bestätigen wissenschaftliche Untersuchungen glasklar: Das genaue Gegenteil ist der Fall. Die Hopfen-Inhaltsstoffe gelten mittlerweile als große Hoffnungsträger in der Krebs-Vorsorge.

Eine Erkenntnis, die wieder einmal nicht ganz neu ist. Schon in den Dreißigerjahren des 20. Jahrhunderts konnte nachgewiesen werden, dass irische Brauereiarbeiter weniger zu Krebserkrankungen neigten als andere Bevölkerungsgruppen. Dies wurde auch in anderen Ländern, beispielsweise in Deutschland und Dänemark, bestätigt. Jetzt weiß man vielleicht, weshalb ...

Sein Name ist beinahe unaussprechlich – und doch: Bier birgt einen Gesundheitsfaktor, den möglicherweise schon bald jeder kennen wird. Xanthohumol, ein Inhaltsstoff des Hopfens, scheint ein außerordentlicher Schutzfaktor unserer Gesundheit zu sein. Studien, die derzeit weltweit – unabhängig voneinander – laufen, sprechen alle dieselbe Sprache: Xanthohumol könnte das Gesundheits-As im Bier sein.

Schon seit Jahren ist bekannt, dass es sich beim Xanthohumol um ein so genanntes Antioxidanz handelt – eine natürliche Substanz also –, die in der Vorsorge von Herzinfarkt, Schlaganfall, Alzheimer-Krankheit, aber auch bei Krebserkrankungen eine ganz entscheidende Rolle spielt. Eine Forschergruppe um Dr. *Clarissa Gerhäuser* und Dr. *Norbert Frank* im Deutschen Krebsforschungszentrum Heidelberg gelang der Nachweis, dass Xanthohumol im Stande ist, in viele Stadien der Krebsentstehung einzugreifen. Für diese grundlegenden Arbeiten wurde *Clarissa Gerhäuser* übrigens gemeinsam mit einem anderen Pionier auf diesem Sektor, Prof. Dr. *Hans Becker* vom Institut für pharmazeutische Biologie der Universität Saarbrücken, im Oktober 2003 mit dem Phoenix-Wissenschaftspreis in Frankfurt ausgezeichnet.

Krebs wird durch eine Reihe von Faktoren (außerhalb und innerhalb des Körpers) ausgelöst. Ziel der Untersuchungen dieses deutschen Institutes war es, nach Inhaltsstoffen unserer täglichen Ernährung zu suchen, die eine Krebs-Vorsorge möglich machen. Dabei hat sich sehr schnell herausgestellt, dass der Hopfen zum viel versprechenden Mittel in der Krebs-Vorsorge werden könnte. Ähnlich positive Erfahrungen hat man auch in Krebsforschungsinstituten in den USA gemacht.

Um die positiven Eigenschaften des Hopfens gezielt zur Förderung der Gesundheit einsetzen zu können, müssen die überlieferten Erkenntnisse aus der Volksmedizin einer strengen Prüfung unterzogen werden.

Drei Fragen stehen dabei im Vordergrund:

- **Welche Wirkstoffe sind im Hopfen vorhanden und für welche biologische Aktivität sind diese verantwortlich?**
- **Können die Wirkungen durch Veränderung der Inhaltsstoffe, der Zusammensetzung oder der Anwendungsart, verbessert werden?**
- **Bei welchen Erkrankungen lassen sich die Inhaltsstoffe anwenden? Gibt es neue Einsatzmöglichkeiten?**

Xanthohumol – der Tausendsassa?

Wie der Hopfen genau wirkt, ist in vielen Bereichen ungeklärt und wird derzeit noch erforscht. So viel aber scheint sicher: Zumindest im Experiment hat sich der Inhaltsstoff Xanthohumol als eindeutige Bremse in der Krebsentstehung herausgestellt. Mehr noch: Wenn Xanthohumol mit den bekannten Schutzstoffen aus Rotwein, Grünem Tee und Soja verglichen wurde, glaubten die Wissenschafter ihren Augen nicht zu trauen. Die schützende Hopfenwirkung lag teilweise um das **Hundertfache** (!) höher als bei den anderen Lebensmitteln.

In diesen Testserien konnte Xanthohumol in alle Stufen der komplizierten Krebsentstehung eingreifen und diese blockieren. Dabei waren schon relativ geringe Mengen höchst erfolgreich. Einen besonders günstigen Einfluss erwarten sich die Forscher nun auf die Entstehung des Brustkrebses, da sich eine ausgesprochen starke Wachstumshemmung auf die Zellen dieser Krebsart gezeigt hat.

Aber auch Männer scheinen vom Hopfen mit dessen Inhaltsstoff Xanthohumol zu profitieren. Eine Studie der Universität Toronto in Kanada hat im Zusammenhang mit Bierkonsum deutliche Hinweise auf einen Schutz vor Prostatakrebs gebracht. Besonders auffällig war indessen eine großangelegte Beobachtung an 30.000 US-amerikanischen Ärzten. Unter jenen Medizinern, die regelmäßig Bier konsumierten, gab es – im Verhältnis zu vergleichbaren Gruppen, die andere Getränke bevorzugten – um 60 Prozent weniger Prostata-Operationen.

Vor einiger Zeit hat zudem die Universität von Guernavaca (Mexiko) auf die günstige Wechselwirkung zwischen Bier und Magenkrebs-Reduktion hingewiesen.

Internationale Studien betonen eindeutig, dass regelmäßige Biertrinker nicht nur wesentlich weniger unter Prostatakrebs, sondern auch weniger oft an Blasen- und Lungenkarzinomen leiden.

Erkenntnisse, die sich mit Beobachtungen des *Nationalen Krebsforschungsinstituts Bethesda* in den USA – gewissermaßen dem Allerheiligsten der Krebsforschung – decken. Dort hat man festgestellt, dass Bier auch kein Risikofaktor für Lungenkrebs ist.
Bier scheint sogar jene gefährlichen Substanzen (so genannte Mutagene) zu blockieren, die bei der Zubereitung von Speisen – beim Grillen und Braten – entstehen.

Ist das ein Grund dafür, dass 2001 das erste „Anti-Krebs-Bier" von den Behörden in den USA zugelassen wurde?
Der Japaner *Keiji Kondo* jedenfalls hat in einem Experiment eine tolle Entdeckung gemacht. Nachdem er und seine Mitarbeiter an 344 Ratten mittels der chemischen Substanz „Azoxymethan" Darmtumoren erzeugt hatten, kam es unter Verabreichung von Bier zu einer Reduktion der Krebsgeschwülste um 40 Prozent. Und noch eine erstaunliche Erfahrung *Kondos*: Wenn „heterozyklische Amine", die wir als Mutage kennen, verabreicht werden, kommt es an sich zu Veränderungen an den Leberzellen. Unter Bier werden diese Veränderungen jedoch gebremst.
Abermals waren es Japaner, die kürzlich für eine Bestätigung der Aufsehen erregenden Experimente sorgten. Dr. *H. Nozawa* und dessen Kollegen hatten in den Kirin-Laboratorien mittels gleicher schädlicher Substanz bei Ratten ebenfalls Krebs erzeugt. Danach wurde den Tieren regelmäßig Hopfenextrakt verabreicht. Nach einer Beobachtungszeit von nahezu einem Jahr vermerkten die Forscher im Prüfungsprotokoll: Rückgang der Tumorrate um rund 24 Prozent, Rückgang der gezählten Krebsgeschwülste bei

allen Ratten um sage und schreibe 44 Prozent! Die Meinung der japanischen Forscher kurz zusammengefasst: Diese Resultate weisen darauf hin, dass „Inhaltsstoffe des Bieres, möglicherweise aber auch der Bierkonsum selbst“ das Risiko bestimmter Krebsarten reduzieren können.

Auch wenn solche Meldungen für ungläubiges Staunen sorgen: Vorerst sollte Bier nicht bedingungslos als Krebsschutz eingestuft werden. Es wird noch vieler Studien und genauerer Analysen bedürfen, um endgültige Gewissheit zu bekommen.

Wie sagte doch Prof. Donald Buhler von der Oregon State University in den USA?
„Ich sage den Menschen, dass sie ihre Krankheiten nicht unbedingt heilen können, wenn sie Bier trinken, aber es könnte ihnen doch sehr helfen ...“

Dr. *Norbert Frank* bringt es auf den Punkt: „Hopfen ist zweifellos eine Pflanze mit gesundheitsförderndem Potenzial, dessen Ausmaß noch nicht vollständig erkannt ist!“

Doch eines hat sich wieder einmal bestätigt: Das rund 7000 Jahre alte Getränk Bier beschäftigt die Medizin mehr denn je. Nach eindeutigen Beweisen für die günstige Wirkung des Bieres bei Herz-Kreislauf-Erkrankungen scheint jetzt jedenfalls die Krebsforschung von den Inhaltsstoffen des Bieres sehr angetan zu sein.

Wie sagte doch Prof. *Donald Buhler* von der Oregon State University in den USA? „Ich sage den Menschen, dass sie ihre Krankheiten nicht unbedingt heilen können, wenn sie Bier trinken, aber es könnte ihnen doch sehr helfen ...“

Geringeres Risiko für Nierensteine

Urologen vom alten Schlag wussten es seit eh und je, für *Martin Luther* war es Heilmittel schlechthin, deutliche Hinweise gab es insgesamt seit längerer Zeit, jetzt kam aus Finnland die offizielle wissenschaftliche Bestätigung: Bier reduziert die Gefahr, an Nierensteinen zu leiden, ganz erheblich.

Eine Wissenschaftergruppe am Nationalen Gesundheitsinstitut von Helsinki hatte fünf Jahre lang nicht weniger als 27.000 Finnen im Alter zwischen 50 und 69 Jahren untersucht, die zunächst keine Nierensteine hatten. Über 300 von ihnen litten jedoch einige Zeit später an dieser äußerst schmerzhaften Steinbildung. Die Teilnehmer der Studie waren Raucher und hatten sich an einem Lungen-Vorsorgeprogramm beteiligt. In einer umfangreichen Analyse wurden die Daten schließlich ausgewertet, die für Biertrinker einen durchaus angenehmen Effekt haben. „Jede Flasche Bier, die pro Tag konsumiert wird, reduziert das Nierensteinrisiko um 40 Prozent", folgerten die Wissenschafter in ihrer veröffentlichten Arbeit. Eine ähnliche Beobachtung hatte zuvor schon eine Forschergruppe der Universität von Padua in Italien gemacht.

Eine Ärztegruppe aus Mailand rät sogar zum „Bier als kostengünstigste Vorsorgemaßnahme bei Nierensteinen".

Bier auf Rezept? Bier mittels Krankenschein also? Keine Utopie mehr! Denn zwei europäische Länder geben Bier bereits „auf Rezept" ab. Wer in Polen oder Tschechien an Nierensteinen leidet, hat Anspruch auf krankenkassenfinanziertes Bier!

Das ideale Getränk für den Sportler

Emil Zatopek, der legendäre tschechische Marathonläufer, hat es uns bereits vorgemacht: Keine Langstrecke ohne Bier! Viel belächelt hat man die Marotte des Spitzensportlers zur Kenntnis genommen. *Zatopek* war dabei seiner Zeit – nicht nur seinen Konkurrenten – weit voraus; und zugleich hintennach. Denn Bier war schon beinahe 2500 Jahre vor *Zatopek* ein Sportgetränk. *Homer* beispielsweise bezieht sich auf den in Griechenland zubereiteten Gerstenbrei Poltos (aus dem Lateinischen Polenta), der angegoren zu einem bierartigen Trunk verarbeitet wurde. Wofür die Griechen einen klingenden Namen hatten: „Mark der Männer".

Sie tranken das „Mark" – so wird in den Schriften berichtet – vor allem zu festlichen Anlässen, wie etwa während der Olympischen Spiele! Für heutige Geschmäcker in freilich etwas eigenartiger Form, nämlich mit Obst aufgeschwemmt und über einen Strohhalm konsumiert, damit das umherschwimmende Getreide nicht auch in die Kehle geriet. Was damals besonders geschätzt wurde? Der bittere Nachgeschmack, der dem Getränk seine typische Note verlieh und der bis heute so beliebt ist.

Was offenbar auch *Dionysos*, den trinkfreudigen Gott der Ekstase und Fruchtbarkeit, dazu veranlasste, nicht nur seinem geliebten Wein zu frönen. So wird berichtet, der Gott habe „in seiner Weinseligkeit in Rührung und Mitleid auch jener

Menschen gedacht, denen der Trank der Reben verwehrt war, weil sie in Ländern leben müssen, in denen Klima und Boden den Anbau des Rebstocks nicht zulassen". Folglich lehrte er sie, „die Ackerfrüchte zu nutzen und aus der Gerste Bier zu bereiten. Einen Trank, der dem Wein an Geschmack kaum nachsteht ...".

Es wundert nicht, dass auch Sportprofis und Amateure unserer Tage darauf schwören. Bier und Sport vertragen sich ausgezeichnet. In einer repräsentativen Befragung des Grandseigneurs der deutschen Bierforschung, Prof. *Anton Piendl* (TU München), gaben 92 Prozent der 360 interviewten Spitzensportler an, dass sie Bier vor oder nach sportlicher Betätigung bevorzugen würden. 63 Prozent trinken Bier am Abend vor dem Wettkampf, um Schlaf zu finden, 41 Prozent wegen dessen entspannender Wirkung. Mindestens jeder zweite Sportler sieht im Bier den idealen Durstlöscher – im Zeitalter der „Power- und Isodrinks" ein höchst bemerkenswertes Ergebnis! Bier wird von den sportlich Aktiven vor allem aber auch wegen der Erfrischung und seiner Reinheit genossen.

Und tatsächlich: Mit seinem hohen Wasseranteil (bei relativ geringem Alkoholgehalt) hat Bier als Getränk einen Startvorteil. Durch seinen einzigartigen Geschmack macht es Bier zweifellos möglich, größere Mengen an Flüssigkeit aufzunehmen, als es bei reinem Wasser der Fall wäre. Für Sportler besonders wichtig, denn sie benötigen an heißen Tagen schon zwischen fünf und sieben Liter Flüssigkeit.

Wer viel schwitzt, sollte vor allem isotonische Getränke konsumieren. Und wieder ein Pluspunkt für das goldgelbe Getränk. Bier ist mit seinem hohen Gehalt an Mineralstoffen (Kalium, Magnesium etc.), aber auch Vitaminen eben isoton und ersetzt verlorene Flüssigkeit ideal.

Bier hat ein hervorragendes Verhältnis von Kohlenhydraten und Gesamtkalorien. Die leicht aufzuschließenden Kohlenhydrate machen rund zwei Drittel der Bierkalorien aus. Dies entspricht genau jenem Verhältnis, das Ernährungswissenschafter für eine gesunde Ernährung empfehlen. Denn die Kohlenhydrate sind ein bedeutender Bestandteil unserer Ernährung. Die Muskelzellen sind auf diesen Energielieferanten angewiesen. Bei einem Mangel lässt aber auch die Hirnleistung nach, das Reaktionsvermögen sinkt, die Konzentrationsfähigkeit nimmt ab und die Steuerung der Muskulatur wird beeinträchtigt.

Bier kann Sportlern helfen, denn es ist ein bekömmlicher, leicht verdaulicher und vor allem schneller Energiespender.

Dieser Nachweis ist erst kürzlich dem Grazer Stressforscher Prof. *Sepp Porta* in einem gezielten Experiment gelungen. Nachdem der Wissenschafter eine große Zahl von Versuchspersonen auf dem Fahrradergometer mit 100 Watt belastet hatte, bemerkte man einen Anstieg der Stresshormone bei gleichzeitigem Abfall von Zucker und Fettsäuren in deren Blut. Beides benötigt jedoch die Muskulatur, um sich nach körperlichem Stress wieder rasch erholen zu können. *Portas* beeindruckender Versuch: Er bot den Versuchspersonen entweder 0,25 Liter Mineralwasser oder die gleiche Menge Bier an. Siehe da: Während sich in der Mineralwasser-Gruppe keine Veränderungen zeigten, stiegen Zucker und Fettsäure in der Bier-Gruppe – trotz der geringen konsumierten Menge – wieder rasch an.

Fazit: Unter Biergenuss kam es zu einer wesentlich rascheren Erholung der einzelnen Muskeln.

Konzentriert, mehr Leistung, bessere Reaktion

Die beiden italienischen Sportmediziner *Antonelli* und *Romano* sind darüber hinaus zum Ergebnis gekommen, dass ein Liter Bier pro Tag Leistung, Konzentration und Reaktion der Sportler steigert und die Muskeln stärkt. Der amerikanische Herzspezialist *Sheehan* stellte z. B. fest, dass Bier nach Ausdauersport (Marathonlauf, Jogging, Skilanglauf etc.) verlorene Flüssigkeit und Energie ideal ersetzt. Dass Bier die Lungentätigkeit forciert und damit rascher Sauerstoff aufgenommen werden kann, hat der französische Mediziner *Gulpin* schon vor Jahrzehnten herausgefunden. Bier enthält bekanntlich Kohlendioxid, das für die verbesserte Atmung verantwortlich ist. Mehr noch: Kohlendioxid (CO_2) fördert auch die Speichelbildung und die Entleerung des Magens, beschleunigt die Ausscheidung über den Harn und erhöht die Nierenfunktion.

Ein sportliches Konfliktthema bleibt – trotz aller Bier-Vorzüge – natürlich der Alkoholgehalt. Doch keine Sorge: Auch alkoholfreies Bier hat dieselben Vorteile für den Sportsmann.

Die physiologischen Eigenschaften alkoholfreier Biere sind jedenfalls vielfältig, wobei die Vorzüge in den allermeisten Fällen auch für Vollbier gelten:

- Kein bis extrem niedriger Alkoholgehalt (maximal 0,5 Prozent)
- hoher Wasseranteil, iso- bis hypotonische Wirkung
- günstiges Verhältnis von Kohlenhydratanteil zu Gesamtkalorien
- leicht verfügbare Zucker und langsamer resorbierbare Dextrine
- gutes Verhältnis Wasser : Kalorien
- noch kalorienärmer als Vollbier (etwa um die Hälfte weniger Kalorien)
- geringe Mengen an Eiweiß bei hohem Gehalt an allen wichtigen Aminosäuren
- kein Fett und kein Cholesterin
- reich an Kalium, Magnesium, Phosphor und vielen anderen Spurenelementen
- alle Vitamine der B-Gruppe
- extrem wenig Natrium
- leicht resorbierbare organische Säuren
- beruhigende Bitterstoffe
- Polyphenole mit antioxidativer Wirkung
- Ballaststoffe fördern die Verdauung
- Kohlendioxid mit belebender Wirkung
- günstige Wirkung auf die Harnverdünnung
- frei von chemischen Zusatzstoffen

Schließlich scheint Bier auch auf die „Hämaturie des Marathonläufers" einen günstigen Einfluss zu haben. Diese kann bei lang dauerndem Laufen entstehen, wobei es durch die mechanische Belastung zum Zerreißen kleiner Blutgefäße in der Blase oder – seltener – in der Niere kommt. Dunkel gefärbter Urin ist ein Hinweis auf diese Blutungen.
Um dies zu verhindern, sollten Marathonläufer keinesfalls Medikamente einnehmen, die zu einer Blutverdünnung führen und damit die Blutungswahrscheinlichkeit noch zusätzlich steigen lassen. Dagegen scheint es günstig zu sein, mit leicht gefüllter Blase zu laufen. Nach wissenschaftlichen Publikationen zu schließen (z. B. von *Bassler* und dessen Mitarbeitern), wird empfohlen, die Flüssigkeit aus (alkoholfreiem) Bier zu sich zu nehmen.

Viele Vitamine

Wir kennen ihn schon aus Vorkapiteln dieses Buches: *Paracelsus,* den weltberühmten Alten der Medizin. Ein wahrer Meister der Heilkunst mit dem Blick fürs Wesentliche. Und deshalb wundert es gar nicht, dass *Paracelsus* dem Bier – natürlich maßvoll genossen – eine „heilende und schönende Wirkung" zuschrieb. Ohne die Hilfsmittel der modernen Medizin, ohne Labor und Elektronik, hatte er es zwar schwer, objektive Beweise für seine Vermutungen zu liefern. Doch heute weiß man: *Paracelsus* war wieder einmal auf der richtigen Spur.

Ein paar Daten gefällig?

Mit den gesunden Rohstoffen Hopfen, Malz, Hefe und Wasser gelangen vor allem die B-Vitamine in den menschlichen Körper, die als „Haar-, Haut- und Schönheitsvitamine" gelten, aber auch für den gesamten Stoffwechsel von Bedeutung sind.

Bier enthält zusätzlich über 30 Mineralstoffe und Spurenelemente. Ein Liter Bier deckt schon fast die Hälfte des Tagesbedarfs eines Erwachsenen an Magnesium, 65 Prozent an Niacin, das für viele Stoff-

wechselvorgänge im menschlichen Körper benötigt wird. Oder – ein anderes Beispiel – 20 Prozent des täglichen Kaliumbedarfs.
Bier hat aber noch andere Vitamine und vitaminähnliche Verbindungen zu bieten: Thiamin (B_1), Riboflavin (B_2), Panthothensäure (B_3) oder Pyridoxin (B_6).
Dieser reiche Vitamingehalt stammt vor allem aus der Hefe und dem Malz. Wobei das Vitamin B_3 ganz besonders für die Damenwelt interessant ist, denn dieses Vitamin, so weiß man, ist für den Energiestoffwechsel der Hautzellen und deren optimale Ernährung und Versorgung gut. Hätten Sie's gewusst? Wegen dieser Wirkweise wird das Vitamin B_3 – also die Panthothensäure – auch „Königin der Hautvitamine" genannt.
Das alles war, wie überliefert ist, schon *Kleopatra* klar. Die antike Schönheit, Königin von Ägypten, hat ja bekanntlich nicht nur in Esel- und Ziegenmilch, sondern auch im Bier gebadet.
Auch Niacin nützt der Haut; es unterstützt die Bildung des Bindegewebes und beeinflusst die Pigmentsynthese. Möglicherweise wird damit die Einwirkung der (schädlichen) UV-Strahlen auf die Haut reguliert.
Was bedeutet das alles für unsere Ernährung? Sind wir nicht ohnehin alle gut und ausreichend mit den lebenswichtigen Vitaminen versorgt?
Die Antwort: Grundsätzlich ja.
Eigentlich müsste es heißen: Ja, aber ...

Empfohlen für Vegetarier

Amerikanische Vegetarierverbände sprechen sich übrigens ganz eindeutig für das Bier als Nahrungsergänzung aus. So gilt besonders das auch im Bier enthaltene Vitamin B_{12} als essentielles Vitamin für jene, die auf Fleisch verzichten.

Wer heute noch gesund ist, ist bloß zu wenig untersucht

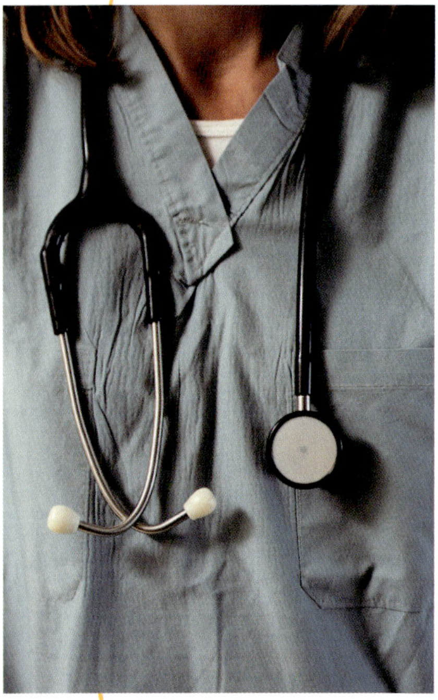

Manchmal hat man tatsächlich den Eindruck: Kein Tag, an dem uns nicht von neuen Risikofaktoren berichtet wird. Kein Tag, an dem sich nicht *Erich Kästners* Feststellung erfüllt, die da lautet: „Das Leben ist lebensgefährlich." Keine Frage: Mit den Fortschritten der Heilkunde nehmen natürlich auch die Erkenntnisse über Körpervorgänge und krankhafte Veränderungen beständig zu. Auf der anderen Seite scheint es aber so, als würden die Normwerte manchmal ins Paradoxe abwandern: Immer weiter abgesenkt, bis es so gut wie keinen Gesunden mehr gibt?

Oder anders gesagt: Wer heute noch gesund ist, ist bloß zu wenig untersucht!?

Wir bewegen uns nach Ansicht der gängigen Lehrmeinung zu wenig, frönen zu sehr den Lastern und essen mehr als uns gut tut. So gesehen müsste eigentlich Verhungern der gesündeste Tod sein.

Nein, im Ernst: Unter den Risikofaktoren, die von großer Bedeutung sind, spielt das Homozystein eine entscheidende Rolle. Manche Wissenschafter sprechen bereits von einem „neuen" Cholesterin. Dabei hat Homozystein mit dem Blutfett Cholesterin rein gar nichts zu tun, doch seine Wirkweise erinnert fatal an dessen krankmachende Folgen.

Homozystein ist als Aminosäure – und das macht die Sache ja so problematisch – eigentlich Baustein unseres Lebens. Bestandteil jeder Zelle. Jeder – wenn man so will – Faser unseres Körpers. Bloß, wie immer im Leben: Ein Zuviel davon macht krank, fördert Herzinfarkt und Schlaganfall, möglicherweise sogar die Alzheimer-Erkrankung.

WER HEUTE NOCH GESUND IST, IST BLOSS ZU WENIG UNTERSUCHT

Ununterbrochen wird die Substanz von unserem Körper produziert – und normalerweise ebenso konsequent wieder zu nötigem Eiweiß abgebaut. Für diesen Vorgang wird allerdings Folsäure (Vitamin B_9) benötigt, die aber in unserer täglichen Ernährung zu kurz kommt. Vitamin B_9 wurde zwar lange Zeit vor allem schwangeren Frauen zum Schutz der ungeborenen Kinder vor Geburtsfehlern empfohlen, heute weiß man aber, dass die Folsäure für uns alle wichtig ist!

Ausgedehnte Untersuchungen haben ergeben, dass die Folsäure-Konzentration im Bier besonders hoch ist. So wurden bei typischen Biertrinkern Folsäurewerte gemessen, die um rund 40 Prozent über jenen von Rotwein- oder Whiskytrinkern lagen. Damit könnte auch erklärt werden, weshalb Biergenießer, die pro Tag etwa einen Liter Bier zu sich nehmen, ein um rund 50 Prozent reduziertes Herzinfarktrisiko haben.

Die moderne (Ernährungs-)Gesellschaft kämpft freilich gegen ein Defizit. Wir nehmen zu wenig der offensichtlich höchst wirksamen Folsäure über die Nahrung zu uns. Dabei könnte eine ausreichende Folsäurezufuhr für einen beträchtlichen Rückgang der Herz-Kreislauf-Erkrankungen sorgen. Prof. *Boushey* hat im Journal der *American Medical Association* eine Berechnung vorgestellt, wonach dadurch zwei bis vier Prozent der Herz-Kreislauf-Todesfälle verhindert werden könnten. Für Österreich würde dies pro Jahr 1100, für Deutschland etwa 11.000 gerettete Menschenleben – jährlich – bedeuten.

Folsäure ist – neben Bier – insbesondere in dunkelgrünem Blattgemüse enthalten. Und das ist es ja: Wir nehmen viel zu wenig Obst und Gemüse zu uns, deshalb konzentrieren sich

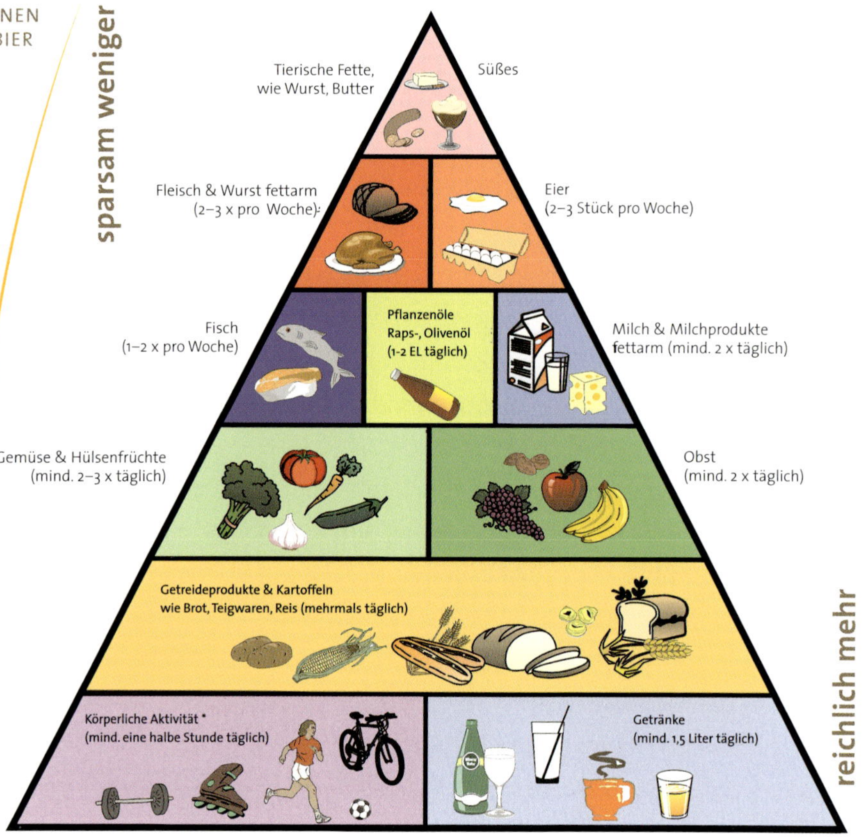

*) in Form von Alltagsaktivitäten oder Sport mit mind. mittlerer Intensität (etwas außer Atem, aber nicht unbedingt unter Schwitzen) wie z. B.: zügiges Gehen, Gartenarbeit, Radfahren

Quelle: Med. Universität Wien

die Ernährungswissenschafter immer mehr auf eine Steigerung der Vitamin B_9-Zufuhr.

Auch die EU hat reagiert. Sie rief das große Projekt „Folate – vom Nahrungsmittel zur Funktionalität“ ins Leben, das sich mit der Untersuchung verschiedenster Lebensmittel von Roggenbrot über Milchprodukte bis hin zum Bier beschäftigt.

Bisherige Messungen lassen darauf schließen, dass ein Liter Bier fast ein Drittel der empfohlenen Tagesdosis an Folsäure enthält.

WER HEUTE NOCH GESUND IST, IST BLOSS ZU WENIG UNTERSUCHT

So lässt sich die Konzentration gleichsetzen mit

- 100 g Brokkoli
- 0,5 kg Tomaten
- 0, 25 kg Kartoffeln oder
- 1,5 l Milch mit 2 % Fettgehalt

Ob mäßiger Bierkonsum einen tatsächlichen Beitrag zur Deckung des Vitaminbedarfs leisten kann, hängt naturgemäß von der Fähigkeit des Organismus ab, Nährstoffe aus der zugeführten Nahrung aufzunehmen. Selbst wenn ein Nahrungsmittel große Mengen an Vitaminen enthält, werden diese nicht immer vom Körper entsprechend resorbiert. Ein Beispiel dafür ist das in Karotten enthaltene Vitamin A, das der Organismus wesentlich leichter aufnimmt, wenn man die Karotten nicht roh, sondern gekocht konsumiert. So kann weich gekochtes Gemüse gesünder sein als Rohkost.

Durchschnittliche Vitaminkonzentrationen in einem Liter Bier

Vitamin	% der empfohlenen Tagesdosis pro Liter Bier
B_6 (Pyridoxin)	36
Niazin	46
B_2 (Riboflavin)	20
Pantothensäure	24
Folsäure	38

Bier selbst besteht vor allem aus verarbeitetem vitaminreichem Malz. Während der Biererzeugung wird Malz zu Schrot zerkleinert und anschließend mit heißem Wasser vermischt. Dabei werden alle wasserlöslichen Vitamine in der Flüssigkeit freigesetzt, und das Ergebnis kann sich sehen lassen: Eine mit Vitaminen angereicherte Brühe.

Nach derzeitigem Wissen – das hat eine Wissenschaftergruppe um die Engländerin Dr. *Caroline Walker* herausgefunden – kann man davon ausgehen, dass die im Bier enthaltenen Vitamine vom Organismus sehr gut aufgenommen werden. So wurde z. B. im Rahmen einer Studie des niederländischen TNO-Instituts für Ernährungswissenschaften eine Gruppe von Freiwilligen aufgefordert, drei Wochen lang zum Abendessen entweder Spirituosen, Wasser, Wein oder eben Bier zu trinken. Die Blutproben am Ende der Versuchsreihe sprachen eine eindeutige Sprache: In der Gruppe der Biertrinker war der Vitamin-B-Gehalt wesentlich höher angestiegen als bei den anderen Versuchspersonen! Dr. *Walker* war von diesen Ergebnissen keineswegs überrascht, hat sich doch gezeigt, dass dieses Vitamin im Bier in einer für den Körper gut aufnehmbaren Form vorliegt.

Wie sagte doch das Wissenschafterteam *Frommel und Mobarnam* schon 1996 in der medizinischen Fachzeitschrift *Oncology?* „... ein großer Teil der täglichen Aufnahme von Folsäure wird durch den Genuss von Bier erreicht. Ein Verzicht auf Bierkonsum würde zu einer Verringerung der Folsäure-Konzentration in unserem Organismus und dadurch zu einer Serie negativer Effekte führen."

Bier als Vitaminlieferant ist damit kein Scherz mehr. Das bei früheren Generationen tief verwurzelte Wissen, dass Bier aus nährstoffreichem Malz hergestellt wird, ist in unserer Zeit leider verloren gegangen. Allzu oft wird Bier nur mehr als alkoholisches Getränk ohne besonderen Wert gesehen. Die neuen Forschungsergebnisse werden aber wohl dazu führen, dass sich Bier wieder seine ursprüngliche Stellung zurückerobert:
Bier als wichtiger Beitrag zu einer ausgeglichenen Ernährung.

Natürlich bei mäßigem Genuss ...

Braugerste, Malz

Die Braugerste bzw. das daraus erzeugte Braumalz ist neben Hopfen der zweite wichtige Rohstoff. Gibt das Brauwasser dem Bier die Fülle, ist das Braumalz für die Stärke des Bieres verantwortlich.
Für Brauzwecke wird heute nur mehr die zweizeilige Sommergerste verwendet, die sich von der Futtergerste – die zur Tierfütterung genommen wird – dadurch unterscheidet, dass sie mehr Stärke und weniger Eiweiß enthält.
Die Braugerste wird durch den Prozess des „Vermälzens" zu Malz verarbeitet. Dabei wird die Gerste durch Hinzufügen von Wasser zum Keimen gebracht und dann bei hoher Temperatur gedarrt (getrocknet). Bei diesem Keimprozess entstehen Sprossen – ähnlich den Sojasprossen –, welche beim anschließenden Trocknen wieder abfallen. Wenn wir von Malz sprechen, meinen wir grundsätzlich Gerstenmalz, was auf die Bestimmungen des Reinheitsgebotes von 1516 zurückzuführen ist. Selbstverständlich könnten aber auch alle anderen Getreidesorten in gleicher Weise „vermälzt" und für Brauzwecke verwendet werden. Verschiedene Spezialbiere verwenden gerade andere Getreidesorten wie Weizen, Roggen, Dinkel, in Japan und China Reis, in Afrika Hirse und in Südamerika Mais.

Das so aus der Braugerste gewonnene Malz wird mit einer Schrot-

Braugerste im Malzprozess

mühle zerkleinert (geschrotet, nicht gemahlen) und steht erst dann für den eigentlichen Brauvorgang zur Verfügung.

Das Malz bestimmt die Farbe, die Kraft und den Geschmack des Bieres. Neben Gerstenmalz wird für manche – vorwiegend obergärige Biersorten – Weizen, eher selten Dinkel und Roggen verwendet. Auch diese Getreidesorten werden vor dem Brauen „vermälzt". Braugerste enthält zwischen 60 und 80 % Stärke, die im Brauvorgang durch die Enzyme des Malzes in Malzzucker umgewandelt werden. Malz enthält darüber hinaus wichtige mineralische Spurenelemente wie Phosphate, Kieselsäure, Kalium, Eisen und Schwefel, die dann im Endprodukt Bier zu finden sind.

Bier macht schön

Ja tatsächlich, Bier macht auch schön, denn es ist für die Hautzellen eine wahre Energiebombe. Das wussten schon die alten Ägypterinnen. Sie „benutzen den Schaum des Bieres, um die Frische ihres Teints zu verbessern", schrieb *Plinius* vor gut und gern 2000 Jahren. Der Grund dafür? Vermutlich die im Bier enthaltenen Vitamine aus Hefe und Malz. Die B-Vitamine spielen dabei die größte Rolle. Da unser Körper diese Vitamine nicht speichern kann, ist eine tägliche Zufuhr „von außen" nötig. Mit einem Glas Bier wird – wir wissen es mittlerweile – ein beachtlicher Teil des Tagesbedarfes der Vitamine des B-Komplexes gedeckt.

Eine Tatsache, die im Altertum weithin bekannt war. Von *Kleopatra* wird behauptet – wie zuvor bereits berichtet –, sie habe immer dann, wenn sie *Caesar* oder *Marc Anton* erwartet habe, nicht nur in Esel- und Ziegenmilch, sondern auch in Bier gebadet. Leicht möglich, dass beide Liebhaber an *Kleopatras* Beckenrand dann einen Schlager intoniert haben, der da heißt: „Lass' mich doch dein Badewasser schlürfen ..."

Nein – kein Spaß: Bier hat seit ein paar Jahren wieder seinen fixen Platz in der Kosmetik. Auch hier ein paar Beispiele gefällig? Bitte sehr!

Jede Menge Fläschchen, Tuben, aufwändige Verpackungen im Supermarkt – und doch nichts dabei, was wirklich hilft? Die Rede ist hier von dünnen, viel zu feinen Haaren. Schon Oma wusste, was da hilft. Ein reines Naturprodukt: Bier. Wer sich damit regelmäßig den Kopf wäscht, darf schon bald auf kräftigere, schöne Haare hoffen. Die Ursache dafür liegt in der so genannten adstringierenden Wirkung des Bieres. Das einzelne Haar zieht sich dabei zusammen, bekommt eine festere Struktur, und insgesamt erhält das Haar mehr Volumen.

Hefeextrakte verbessern den Teint, Bier-Nagellotionen haben einen fixen Platz in den Verkaufsregalen. Präparate aus Bierhefe sind ein gutes Therapeutikum bei Hauterkrankungen, die auf einen Vitamin-B-Mangel zurückzuführen sind. Die Problemhaut der Jugendlichen – Akne und Pusteln – lassen sich mit Bierhefe-Präparaten erfolgreich (und vor allem ohne Nebenwirkungen) behandeln. Kein Wunder, dass es in vielen Regionen Zentraleuropas lange Zeit üblich war, sich als junges Mädchen mit Bier zu waschen.

Bierhefe

Bierhefen sind einzellige Hefepilze der Gattung Saccharomyces. Diese Hefen sind die Auslöser der alkoholischen Gärung und für die Umwandlung des Malzzuckers in Alkohol und Kohlensäure verantwortlich. Die Hefen der Gattung der Schlauchpilze bringen durch Ausstülpungen an einer bestimmten Stelle immer wieder neue Zellen hervor, die sich ihrerseits wieder von der Mutterhefezelle lösen oder mit anderen Bierhefezellen zu einem Sprosspilzverband vereinigen. Diese Sporen bildenden Hefen – auch echte Hefen genannt – umfassen eine Vielzahl von Gattungen und Arten, wobei, wirtschaftlich betrachtet, in der Brauerei nur jene der Saccharomyces von Bedeutung sind.

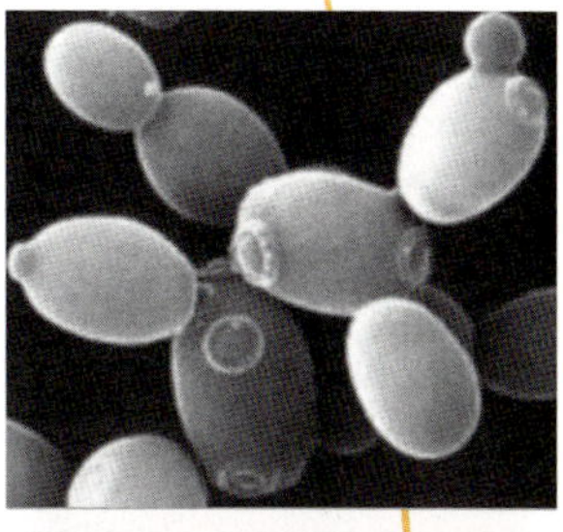

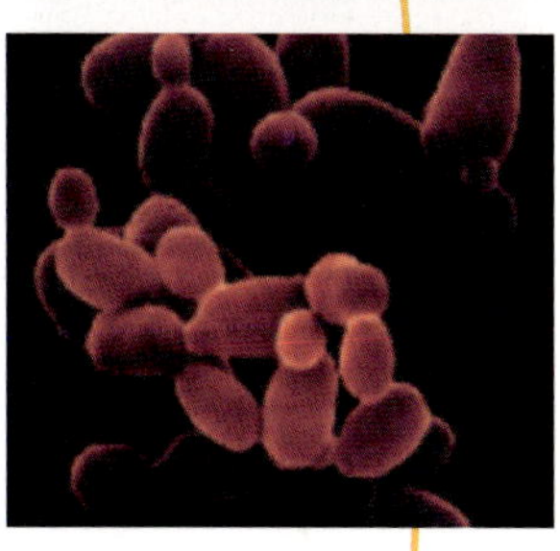

Bierhefe unter dem Mikroskop

Diese kugeligen Bierhefen sind Kleinstlebewesen, die sich sowohl geschlechtlich durch Sprossung als auch ungeschlechtlich – durch Teilung – vermehren. Als Nährlösung benötigen sie eine zuckerhaltige Flüssigkeit; bei Bierhefe die aus dem Braumalz gewonnenen Einfachzucker Maltose und Dextrin. In einem Liter dickflüssiger Bierhefe befinden sich rund 3 Billionen aktive Hefezellen.

Diese Einzeller, welche die alkoholische Gärung auslösen, kommen in Tausenden Mutationen vor, wobei grundsätzlich zwei Arten für das Bierbrauen Verwendung finden. Nach ihren charakteristischen Eigenschaften bei der Gärung werden sie daher in ober- und untergärige Bierhefen unterschieden.

Bierhefe spaltet mithilfe von Enzymen den aus dem Braumalz gewonnenen Zucker (Maltose und Dextrin) in Alkohol und

Obergärige Hefe im offenen Gärbottich.

Kohlensäure, nach der *Gay-Lussacschen* Gleichung $C_6H_{12}O_6 = 2CH_3CH_2OH + 2CO_2$. Die gleichen biochemischen Vorgänge laufen auch bei der alkoholischen Vergärung von Wein und Most ab, wobei hier jedoch andere Hefestämme diese Aufgabe übernehmen.

Hefezellen – die ja kleinste Lebewesen sind – sterben nach einiger Zeit ohne Nahrungszufuhr in Form von Malzzucker ab. Wenn sie keine neue Nährlösung erhalten, gehen sie in Zersetzung und Fäulnis über, was einerseits zu Geschmacksbeeinträchtigungen beim Bier führen kann, andererseits lassen dabei auch die Wirkstoffe der Bierhefe nach bzw. gehen völlig verloren.

Obergärige Hefen

Obergärige Hefe, die ursprüngliche Form der Bierhefe (Saccharomyces cerevisiae), hat ihren Namen davon, dass sich diese Hefeform bei der Gärung zu größeren Sprossverbänden zusammenschließt, nach der Gärung an die Oberfläche des vergorenen Bieres steigt und von dort abgeschöpft bzw. „geerntet" wird. Obergärige Hefe benötigt für das Vergären des Bieres Gärtemperaturen von 15 bis 25° C (Zimmertemperatur).

Bis zur Entwicklung der elektrischen Kühlung im 19. Jahrhundert wurde daher die überwiegende Zahl der Biere obergärig gebraut. Sie benötigt für die Hauptgärung des Bieres nur rund zwei bis drei Tage. Biere, die nach diesem traditionellen Verfahren hergestellt werden, haben jedoch zwei entscheidende Nachteile: Sie sind nur beschränkt haltbar und schwer bis gar nicht über längere Strecken transportierbar.

Die wichtigsten Biersorten, die noch nach diesem traditionellen Verfahren gebraut werden, sind die bayerischen Weißbiere, die Berliner Weiße, Altbiere und Kölsch in Deutschland sowie viele Bierspezialitäten in Belgien wie Geuze und Lambic, ferner diverse Spezialbiere aus Roggen, Hafer, Dinkel und anderen Getreidesorten. Einzig auf den Britischen Inseln hat sich das Brauen mit diesen ursprünglichen, obergärigen Hefen noch bis heute behauptet. Ale, Stout und Porter werden dort wie eh und je mit obergärigen Hefen gebraut.

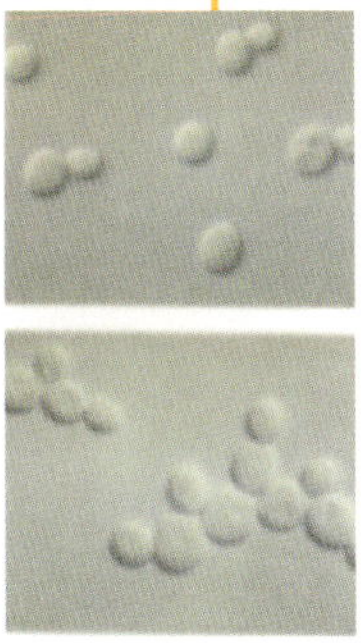

Oben:
Untergärige Hefe (Saccharomyces carlsbergensis)
Unten:
Obergärige Hefe (Saccharomyces cerevisiae)

Untergärige Hefen

Die untergärige Bierhefe (Saccharomyces carlsbergensis) setzt sich nach der Vergärung als dicker Bodensatz im Gärbottich ab; sie hat auch nach dieser charakteristischen Gäreigenschaft ihren Namen. Die Grundlagen für die Vermehrung der untergärigen Bierhefe in Reinzuchtlabors wurden durch den dänischen Forscher *Emil Christian Hansen* (1842–1909) in den Labors der dänischen Brauerei Carlsberg zu Ende des 19. Jahrhunderts gelegt. Daher trägt zur Erinnerung dieser untergärige Hefestamm seit damals die wissenschaftliche Bezeichnung „carlsbergensis".

Der große Vorteil untergäriger Biere sind ihre längere Haltbarkeit und ihre relative Unempfindlichkeit gegenüber Transporten.

Die wichtigsten Biersorten dieses untergärigen Verfahrens sind heute Pils, Märzen, Lager, Export und Bockbier. Viele Brauereien lassen sich ihre Hefestämme für ihre spezielles Bier patentrechtlich schützen und haben sich damit deren Verwendung zum Brauen exklusiv gesichert.

Inhaltsstoffe der Bierhefe

Bierhefe als einzelliges Lebewesen enthält sehr viel Eiweiß (Protein). Diese Eigenschaft macht man sich auch bei der Tierernährung zunutze, indem die überschüssige Hefe – als Abfallprodukt der Biererzeugung – als hochwertiges Beifutter in der Rindermast eingesetzt wird. Ihre große Bedeutung als Naturheilmittel für den Menschen beruht aber auf der hohen Konzentration der Vitamine des B-Komplexes. Neben 16 Aminosäuren und 15 verschiedenen Mineralien und Spurenelementen enthält Bierhefe mehr Vitamine der B-Gruppe als jedes andere natürliche Nahrungsmittel!

Sämtliche Vitamine dieser Gruppe sind in der Bierhefe enthalten, dagegen fehlen alle Vitamine der Komplexe A, C, D, E und K.

Die wichtigsten Mineralstoffe der Bierhefe sind Kalium, Phosphor und Magnesium. Als Spurenelemente kommen darüber hinaus noch Zink, Chrom, Selen, Cobalt, Eisen, Kupfer, Molybdän und Mangan in nennenswerten Konzentrationen vor.

Bierhefe ist äußerst fettarm, damit auch cholesterinfrei, und weist einen niedrigen Natriumgehalt auf; alles Eigenschaften, welche dieses Naturmittel zur Heilung bei Zivilisationskrankheiten so interessant machen.

Das Bierbad

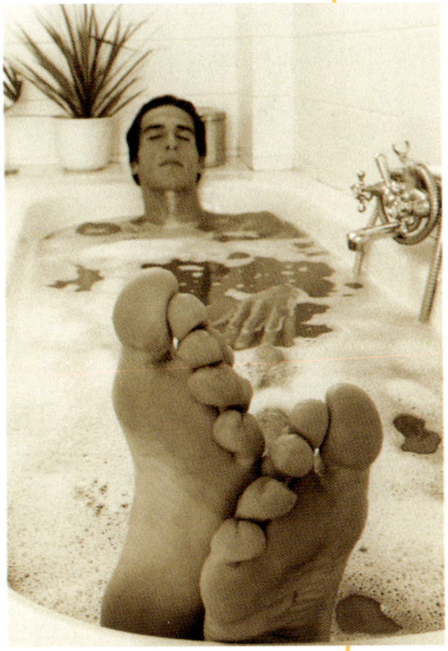

Ob dieser Vorzüge gerät jetzt die schon fast vergessene Methode der Schönheitspflege Königin *Kleopatras* wieder in den Mittelpunkt der modernen Kosmetik: das Bierbad. Immer öfter wird das „Bier-Schaffelbad" in Wellnesszentren angeboten, als neue Möglichkeit, Entspannung zu finden (die zuallererst durch die Inhaltsstoffe des Hopfens hervorgerufen wird) und um auch der Haut, etwa durch Hefe, etwas Gutes zu tun.
Übrigens wird auch der Königin *Luise* von Preußen nachgesagt, dass sie ihren Busen regelmäßig mit Bier einrieb, um ein schöneres Dekolletee zu bekommen.

Und was sagen die Frauen dazu?

Bier und Frauen – passt das zusammen? Aber selbstverständlich! Schon am weltberühmten „Monument Bleu" im Louvre von Paris sind sumerische Frauen zu sehen, die aus aufgeweichtem und vergorenem Getreidemalzbrot Bier brauten. Vor mehr als 6000 Jahren, als Opfertrank, zugedacht der Fruchtbarkeitsgöttin *Nin-Harra*.

Backen und Brauen waren, wir haben bereits davon berichtet, stets Aufgabe der Frauen. In Babylon ebenso wie in Ägypten. In ägyptischen Gräbern fand man Statuetten, die Frauen zeigen, wie sie sich gerade über Gefäße beugen, in denen sich Würzbrot und Wasser befinden. Noch heute brauen entlang des Nils viele Frauen nach diesen Rezepten ihr eigenes Bier. Dass dieser Trunk auch für Heilzwecke eingesetzt wird, versteht sich fast von selbst.

Später – bei den Germanen – war Bierbrauen ebenfalls fest in Frauenhand. Sie labten damit die müden, heimkehrenden Krieger und kredenzten es den Göttern als Opfergabe. Bis über die Zeit der Völkerwanderung hinaus und hinein in das hohe Mittelalter bestimmten Frauen über die Hausbrauereien. Es war üblich, in jedem Haus seinen eigenen Gerstensaft nach spezieller Rezeptur herzustellen. In alten Handbüchern kann man vom „Warmbier" nachlesen, in das Frauen Eier, Ingwer und Muskat mischten und diesen Biertrunk schon zum Frühstück servierten.

Martin Luther
(1483–1546)

Manche Brauerinnen brachten es wahrlich zu Meisterinnen ihres Faches. Ein Zeuge seiner Zeit ist der Reformator *Martin Luther.* Er schrieb an seine „gnädige Jungfer Katharina Lutherin von Bora und Zulsdorf" einen schmeichelnden Brief, in dem er sie submissest bat, ihm doch wieder „ein Pfloschen deines Bieres zu mir zu schicken".

Das Ganze, sooft sie nur könne.

Heute ist das Brauen von Bier in industriellen Anlagen – bis auf wenige Ausnahmen – Männersache, doch die Frauen entdecken das Bier dennoch aufs Neue.

Als Kosmetikum und eben als Badespaß.

Wertvolle Mineralstoffe

Mineralstoffe kommen in der Natur bekannterweise als „Salze“ vor und werden mit der Nahrung dem menschlichen Körper zugeführt. Sie sind für das reibungslose Funktionieren aller Stoffwechselvorgänge unentbehrlich. Ein Mangel an diesen Stoffen wirkt sich äußerst negativ auf die Gesundheit und das Wohlbefinden aus. Auch die „alltäglichen“ Krankheiten wie Kopfschmerzen und Erschöpfung können gar nicht so selten durch einen Mangel an Mineralstoffen verursacht sein.
Das wusste man schon in grauer Vorzeit: Die Mineralstoffe des Bieres machen es zu einem ernährungsphysiologisch wertvollen Getränk. So ist u. a. die im Bier enthaltene Phosphorsäure – als Bestandteil der Zellbausteine – wichtig. Kalium (etwa 20 Prozent des Tagesbedarfs kommen aus

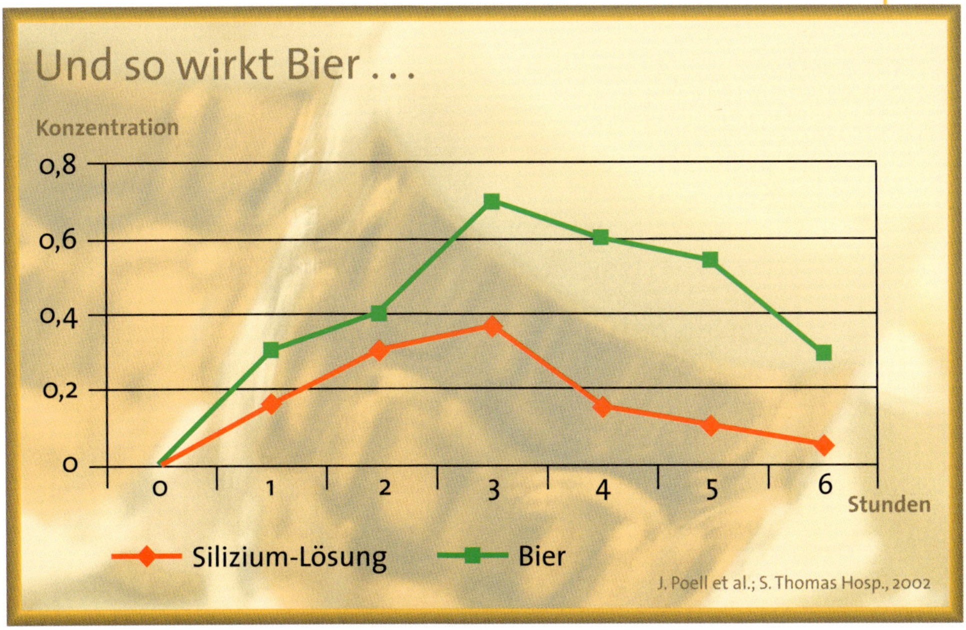

einem Liter Bier) und Magnesium (45 Prozent des Tagesbedarfs je Liter Bier) werden vom Organismus benötigt, damit Muskeln und Nerven richtig funktionieren. Magnesium unterstützt nämlich die Muskeltätigkeit und die Reizübertragung der Nerven, Kalium ist wichtig für die Herz- und Muskelfunktion, spielt aber auch bei der Wasserausscheidung und bei der Regulierung des Blutdrucks eine wichtige Rolle.

Natrium ist dagegen kaum im Bier zu finden. Ein weiterer Pluspunkt fürs Bier also, denn ein Zuviel an Natrium kann zu Bluthochdruck mit all seinen gefährlichen Folgen führen.

Calcium ist ebenfalls in nur geringer Menge vorhanden, ein Umstand, der bei Neigung zu Gallen- und Harnsteinen durchaus günstig auffällt.

Neben Eisen, Kupfer, Mangan und Zink enthält Bier auch Chrom. Dieses Element spielt für die Funktion des Blutzucker senkenden Hormons Insulin eine entscheidende Rolle – und ist in keiner Nahrungsquelle in so gut resorbierbarer und verwertbarer Form zu finden wie eben in Bier.

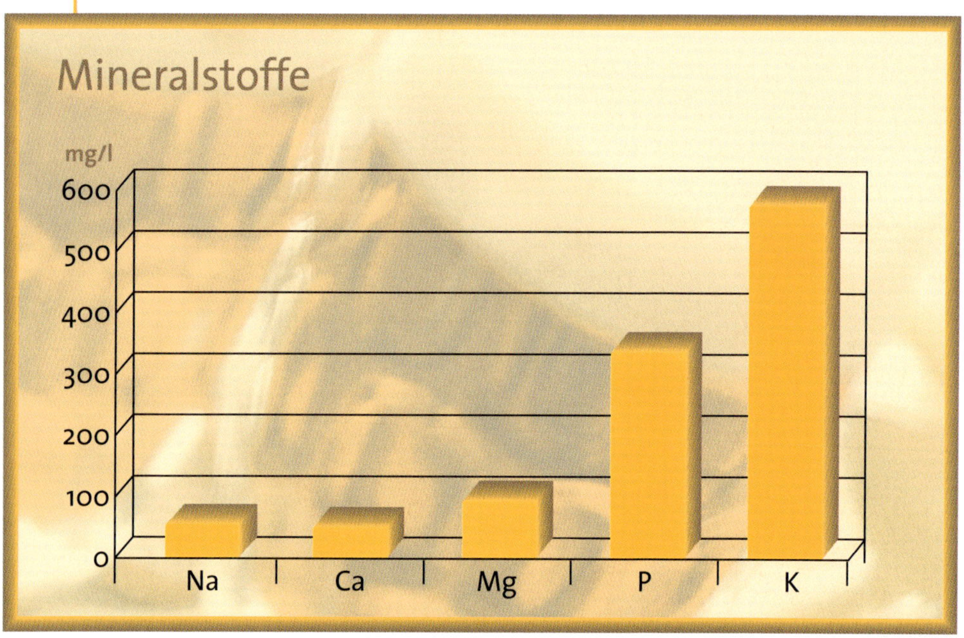

Bier enthält im Durchschnitt pro Liter

Vitamine gesamt	**Rund 0,01 g**
B_1 (Thiamin)	0,029 mg
B_2 (Ribovflavin)	0,336 mg
B_3 (Panthothensäure)	1,490 mg
B_6 (Pyridoxin)	7,738 mg
PP (Niacin)	0,619 mg
H (Biotin)	0,146 mg
Mineralstoffe gesamt	**etwa 2 g**
Calcium	35 mg
Chlorid	174 mg
Eisen*	0,12 mg
Kalium	518 mg
Magnesium	98 mg
Mangan*	0,16 mg
Natrium	33 mg
Phosphor	319 mg
Sulfat	168 mg
Zink*	0,06 mg
Sonstige (positive) Stoffe	**rund 998 g**
Wasser	920 g
Alkohol	40 g
Kohlenhydrate	28 g
Proteine	5 g
Kohlendioxid	5 g
Fett / Cholesterin	0,0 g

* = Spurenelement

Ein „neues" Mittel gegen Osteoporose

Neues gibt es auch im Zusammenhang mit der Osteoporose – dem Knochenschwund im Alter – zu berichten. Die Fakten alarmieren: Etwa 750.000 Menschen sind in Österreich betroffen, rund acht Millionen in Deutschland, 20 Prozent davon schon Männer. Die Tendenz steigt, die Kosten ebenso. Rund 240 Millionen Euro erfordert die Behandlung der Osteoporose pro Jahr in Österreich, in Deutschland sind es zehnmal mehr, zumal es durch diese Krankheit zu jährlich 30.000 (Österreich) bzw. 300.000 Knochenbrüchen (Deutschland) kommt.

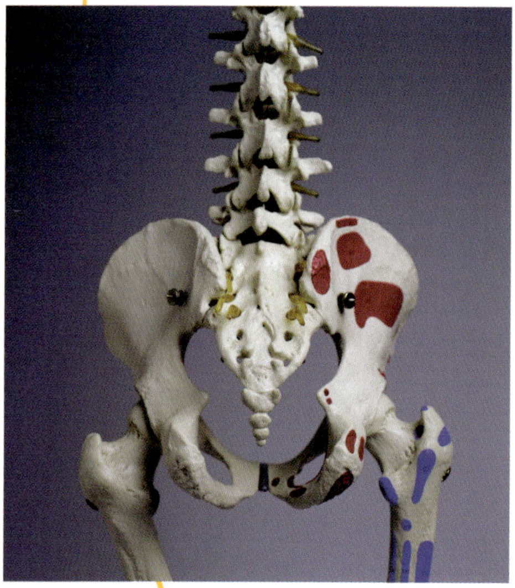

Nur ein kleiner Teil der Betroffenen ist sich der ständigen Gefahr bewusst, in der er schwebt, und nur ein ebenso kleiner Teil der Kranken wird entsprechend vorbeugend versorgt. Vordringlichstes Ziel muss es sein, die Knochenbrüche zu verhindern.

Häufig werden die ersten Alarmzeichen dieser fortschreitenden Krankheit nicht (richtig) erkannt. Dabei könnten die Osteoporose-Patienten selbst einen wichtigen Beitrag leisten, wenn sie die mit ihrer Krankheit verbundenen Schmerzen richtig deuten. Rückenschmerzen – in erster Linie im Bereich der Lendenwirbelsäule – können auf Wirbeleinbrüche hinweisen, die beim Heben schon leichterer Lasten entstehen. Das bloße Anstoßen an Möbelstücken führt mitunter schon zu Brüchen von Fuß- und Armknochen. Nach einer Definition der Weltgesundheitsorganisation (WHO) gilt auch die Abnahme der Körpergröße um mehr als vier Zentimeter als deutlicher Hinweis auf Osteoporose.

Neben all diesen messbaren Fakten gilt eines: Der Knochenschwund bedeutet eine drastische Einschränkung der Lebensqualität, bedeutet zunehmende Immobilität und damit verbunden soziale Isolierung. Osteoporose ist damit mehr als eine bloße „Knochenkrankheit". Es gilt, die Wurzeln zu beseitigen, um die vielfältigen fatalen Folgen der Osteoporose in den Griff zu bekommen.

Deshalb ist Vorsorge mehr denn je gefragt. Prof. *Jonathan Powell* vom King's College in London hat einen passenden Rat zur Hand: „Bier. Regelmäßiger Biergenuss schützt auch vor Osteoporose." Des Rätsels Lösung? Bier enthält große Mengen an Silizium, das als „Knochenzement" wirkt und so den fortschreitenden Knochenschwund bremsen kann. Wir benötigen pro Tag etwa 50 mg Silizium. In einem Liter Bier sind schon bis zu 40 mg davon zu finden, viel mehr etwa als in Bananen, die man bisher für besonders siliziumreich gehalten hat.

Sogar eine der größten jemals durchgeführten Vorsorgestudien, die Framingham Offspring Cohort Studie, liefert den „Bier-Beweis". Schätzungen haben demnach ergeben, dass Bier mit einem Anteil von bis zu einem

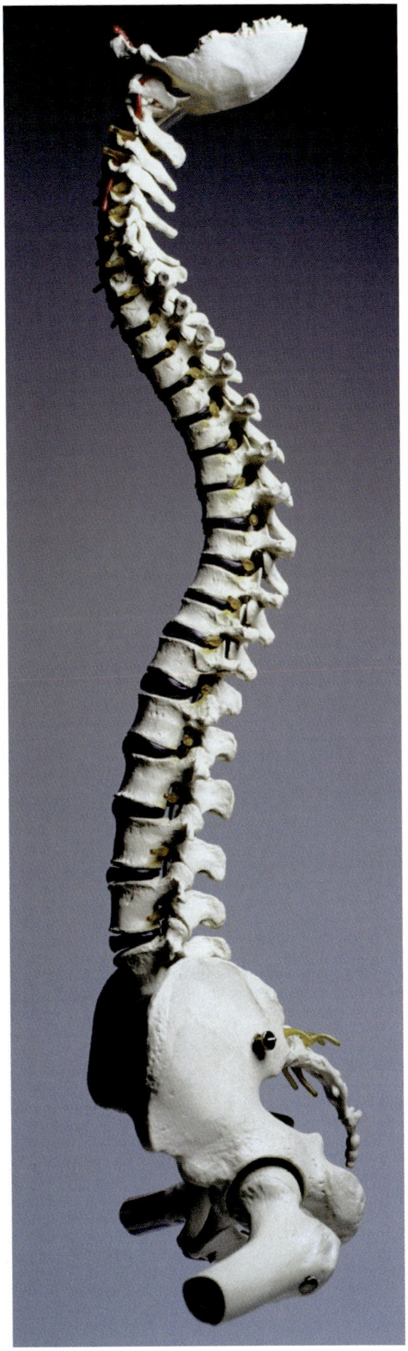

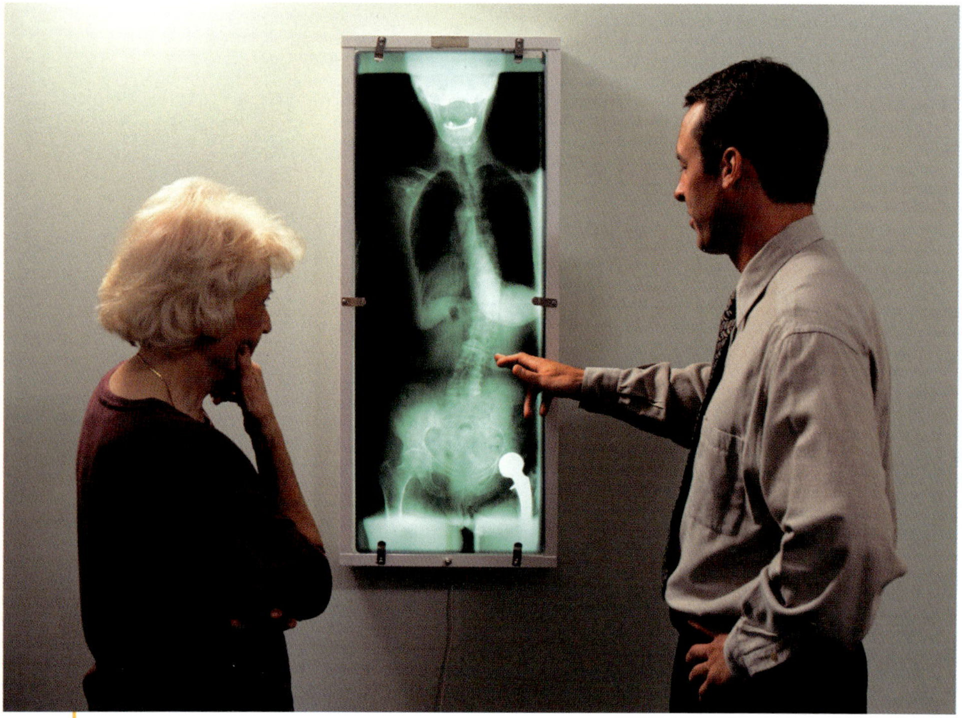

Viertel der täglich mit der Nahrung aufgenommenen Gesamtmenge an Silizium der wichtigste Silizium-Lieferant bei Männern ist. Bei Frauen gehört Bier immer noch zu den zehn wichtigsten Silizium-Spendern.

Weshalb ist Silizum eigentlich wichtig? Seine Bedeutung für Säugetiere und höhere Pflanzen wurde schon in den siebziger Jahren des 20. Jahrhunderte erkannt. Damals durchgeführte Studien bestätigten, dass Silizium für ein gesundes Wachstum und für die normale Entwicklung von Knochen, Knorpeln, Bindegewebe, Arterien, Haar, Nägeln, Haut und Schleimhaut erforderlich ist. Von all diesen Funktionen ist nach *Powells* Erkenntnissen die Knochenbildung am besten dokumentiert.

Besonders faszinierend ist eine Studie *Powells* in Sachen Silizium-Aufnahme. Der englische Professor verabreichte einer Gruppe von Testpersonen entweder eine reine Silizium-

Lösung oder Bier. Dann wurden die Silizium-Konzentrationen im Blut gemessen. Verblüffendes Ergebnis: Nach Biergenuss waren die Silizium-Werte höher und hielten sich länger auf hohem Niveau als nach der Verabreichung der reinen Silizium-Lösung.
Dazu kommt noch das Faktum – auch das konnte man in Großbritannien beweisen –, dass Silizium den Knochen nicht nur stabiler, sondern gleichzeitig auch elastischer macht. Daher weniger Brüche durch Biergenuss bei Osteoporose.
Powells Studien sind eindeutig ausgefallen. Ein Liter Bier pro Tag wirkt, wie wir jetzt wissen, auf mindestens drei Arten: Es verhindert den Knochenabbau, fördert aber gleichzeitig dessen Elastizität ebenso wie die Silizium-Aufnahme. Bier könnte – da ist man sich einig – zum Mitstreiter im Kampf gegen die Volkskrankheit Osteoporose werden.
Die englischen Forscher sind aber auf noch ein anderes interessantes Detail gestoßen: Silizium festigt möglicherweise ganz entscheidend die inneren Schichten der Arterien. Eine bedeutsame Entdeckung! Denn zu schwache Arterienwände begünstigen die Ausbildung von Arteriosklerose. Noch eine ungewöhnliche Beobachtung aus Tierversuchen: Wenn Kaninchen mit reichlich Cholesterin ernährt wurden, war es – wie erwartet – zunächst zu Verengungen der Blutgefäße gekommen. Bei Verabreichung von Silizium haben sich diese, wie der Mediziner sagt, Laesionen allerdings wieder deutlich zurückgebildet. Nur ein Viertel der mit Silizium versorgten Kaninchen hatten Arteriosklerose bekommen, dagegen über drei Viertel aus der nicht mit Silizium versorgten Kontrollgruppe.
Keine Frage, dass auch Silizium damit mehr und mehr in den Blickpunkt der Forschung rückt.

Das Märchen vom Bierbauch

Es war einmal eine (Wellness-)Gesellschaft, die zwar gerne Bier trank, dabei aber glaubte, dass es für die gute Figur nicht gerade günstig sei, zum erfrischenden Glas zu greifen. So wurden biertrinkende Bürger des frühen 20. Jahrhunderts auch immer mit deftigem Bäuchlein abgebildet. Bis – ja, bis es der Wissenschaft gelang, das Märchen vom Bierbauch wirklich als solches zu entlarven.

Woher kommt aber dann der Bauch? Jedenfalls nicht vom Bier, denn Bier hat erstaunlich wenige Kalorien. Ein Viertelliter schlägt mit nur 110 Kalorien zu Buche. Das ist weitaus weniger, als ein Becher Fruchtjoghurt enthält. Dieselbe Menge Orangensaft bringt es auf mehr als 120 Kalorien. Wein ist ein mindestens doppelt so hoher Kalorienlieferant, Sekt hat je Viertelliter 215 Kalorien. Ja, sogar eine Scheibe Roggenbrot ist mit sage und schreibe 193 Kalorien deutlich „brennstoffreicher" als Bier.

Andererseits gilt Alkohol als appetitanregend. Deswegen serviert man vor einem eleganten Essen auch Aperitifs und nicht etwa einen Milchshake. Nun ja – und der Schuss Alkohol führt eben dazu, dass die Speichel- und Magensaftproduktion angeregt wird, der Körper in „Verdauungsbereitschaft" geht. Dass einem das sprichwörtliche Wasser im Mund zusammenläuft.

Gar keine schlechte Einrichtung, denn das Essen wird somit weitaus besser aufbereitet, verarbeitet und vom Organismus aufgenommen. Embonpoint – so nennen die kulinarisch orientierten Franzosen das vermeintliche Bierbäuchlein in ihrer eleganten Sprache – und meinen damit ein würdiges, ja nachgerade anziehendes Merkmal eines „g'standenen Mannsbildes". Dass der Embonpoint weniger auf das Bier, vielmehr auf die soziale Komponente zurückzuführen ist, spielt an der Seine keine Rolle.

Wussten Sie, dass Bier weniger Kalorien enthält . . .

So ist wohl wenig bekannt, dass der regelmäßige Biertrinker gesellschaftlich integrierter ist. Einer, der halt gern einmal länger am Stammtisch sitzt, diskutiert, über Politik philosophiert, Präsidenten ernennt, Minister entlässt und nebenbei ein wenig die Welt verändert. In Ruhe versteht sich. Das aber kann ein wenig Durst – und eben auch Hunger machen.
Dass Bier zur Stammtischpolitik verleitet und manchmal gar staatsgefährdend sein kann, darüber machten sich schon die Babylonier Sorgen. Einen Wirt, der es anno dazumal zuließ, dass an den Tischen seines Wirtshauses unter Einfluss von Alkohol politisiert wurde, hängte man nämlich kurzerhand auf.
Doch von zu viel hemdsärmeliger Politik bei einem Schluck Bier entsteht das Bäuchlein sicher nicht, der wahre Übeltäter ist mittlerweile entlarvt.

Das DD-Gen als Übeltäter

Italienischen Wissenschaftern ist kürzlich der Beweis gelungen, auf den viele Männer seit Jahren gehofft haben. Nach Untersuchung Tausender Mitarbeiter eines großen Elektronikkon-

zerns konnte nachgewiesen werden, dass die Veranlagung zum Bauch nicht an den Bierkonsum gebunden ist, sondern an einen genetischen Defekt in Teilen des Blutdruck-Regulationssystems. Wer das so genannte DD-Gen hat, dessen Wahrscheinlichkeit für ein Bäuchlein steigt um schlichte 200 Prozent an!
Mittlerweile wurde auch von Forschern in England und Tschechien erkannt, dass der Bauch nicht vom Bier (allein) stammt. So hat u. a. das Team um Prof. *M. Bobak* am University College in London nach Untersuchungen an insgesamt 2353 Personen festgestellt, dass „es höchst unwahrscheinlich ist, mäßigen Bierkonsum mit einem höheren Körpermasse-Index (Body Mass Index, BMI) in Zusammenhang zu bringen".

Eindeutige Beweise

An der Freien Universität Berlin bestätigte Prof. *Hans Hoffmeister* eindeutig die Theorie, dass Biertrinken nicht mit einem Bäuchlein verbunden sein muss. Mehr noch: Der Körpermasseindex ist beim Biertrinker im Durchschnitt sogar niedriger als beim typischen Weintrinker.
Und ganz erstaunlich: Frauen, die zum Bierglas greifen, haben nach Prof. *Hoffmeister* weniger Körperfülle als beispielsweise Antialkoholikerinnen. Demzufolge nehmen Frauen bei einem Konsum von bis zu 25 Gramm (entspricht mehr als einem halben Liter Bier) deutlich ab!
Erst vor kurzer Zeit bestätigte eine Untersuchung der Universität Kaunas in Litauen neuerlich diese Erkenntnisse. Als die Wissenschafter um Prof. *Viktor Grabauskas* sich das Übergewicht der litauischen Bevölkerung genauer ansahen, kamen sie zur erstaunlichen Feststellung: Vor allem Frauen, die zumindest einmal pro Woche Bier konsumierten, waren deutlich weniger übergewichtig und fettleibig als Geschlechtsgenossinnen, die kein oder nur selten Bier tranken.
Soviel zu einem der beiden großen Irrtümer in Sachen Bier. Die zweite Fehlmeinung betrifft den Aspekt Bier und Schlaf.

Macht Bier müde?

„Ich trinke täglich zum Abendbrot ein Glas helles Bier und reagiere auf diese anderthalb Quart so stark, dass sich regelmäßig meine Verfassung dadurch verändert. Sie verschaffen mir Ruhe, Abspannung und Lehnstuhlbehagen." Wer das sagte? *Thomas Mann*, der große Meister der deutschen Literatur. Und tatsächlich: Bier wurde stets für einen gesunden Schlaf empfohlen. Jetzt freilich gerät diese Hypothese ins Wanken.

Das Problem unserer Tage – wenn es nach der Weltgesundheitsorganisation (WHO) geht, auch der Zukunft – sind Schlafstörungen. Jeder Dritte leidet in industrialisierten Ländern daran. Ein- und Durchschlafstörungen schränken die Lebensqualität drastisch ein und können in der Folge Ursache schwerster Unfälle sein. So weiß man, dass jeder dritte tödliche Verkehrsunfall und jeder vierte Unfall insgesamt durch Übermüdung am Steuer ausgelöst wird. Dazu kommt: Müdigkeit am Arbeitsplatz lässt die Produktion drastisch sinken. Schätzungen deuten auf weltweit jährliche Verluste von rund 400 Milliarden Euro auf Grund von Dösigkeit und schweren Augen am Arbeitsplatz hin.

Kein Wunder, dass schlaffördernde Medikamente und Hausmittel für ein besseres Ruhen in Morpheus' Armen mehr denn je gefragt sind. Das Bier galt dabei als größter Geheimtipp. Hopfen und Alkohol können eine entspannende und beruhi-

gende Wirkung haben, die das Einschlafen erleichtern. Besonders der Bier-Honigtrunk wurde dabei als „Sandmännchens Getränk“ gefeiert.
Wahrheit oder Fabel?

Auf Grund neuerer wissenschaftlicher Untersuchungen muss man an der schläfrig machenden Komponente unserer heutigen Biere zweifeln. Denn Bier von heute enthält wesentlich weniger Hopfen als das Bier vor ein- oder zweihundert Jahren. Gerade mal 300 bis 340 Gramm je 100 Liter Bier. Eine homöopathische Dosis also, die sich wohl kaum als Schlafförderer einsetzen lässt.
Objektive Tests mit der so genannten Pupillometrie haben an der Privatklinik „Hansa“ in Graz keinerlei Hinweise auf den Zusammenhang zwischen Bier und Schlaf gebracht. Eher Gegenteiliges kam zutage.

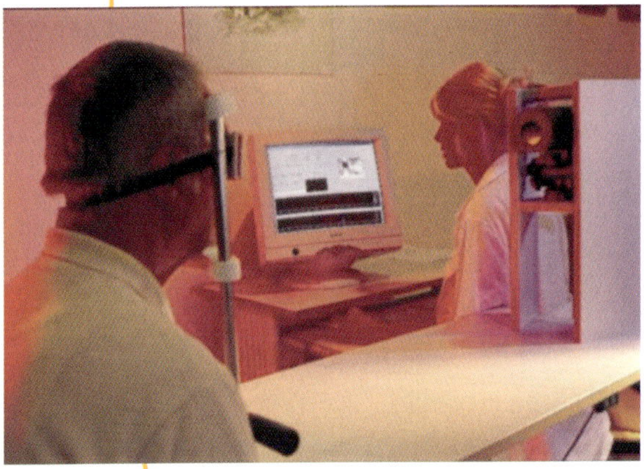

Das Gerät – der Pupillograf – misst mittels Infrarot-Technik den sich ständig ändernden Durchmesser der Pupille über einen Zeitraum von maximal elf Minuten. Je müder man ist, umso heftiger werden zwar die Pupillenreaktionen zwischen Verengung und Erweiterung, doch sie werden auch langsamer. Aus den gewonnenen Messdaten ermittelt der Computer ein Müdigkeitsprofil, das absolut präzise Werte liefert.
Wissenschafter unter Leitung des Autors dieses Buches haben die pupillometrische Untersuchung an einem Kollektiv von Biertrinkern vor dem Genuss eines halben Liters vorgenommen und die Testung nach einer Wartezeit von einer halben Stunde wiederholt. Die Auswertung brachte höchst Erstaunliches zutage, denn die Versuchspersonen wurden nach Biergenuss nicht

etwa müder, sondern – wacher! Ein halber Liter Bier hatte zu einer durchschnittlichen Verbesserung auf der Müdigkeitsskala um rund zehn Prozent geführt.

Zugegeben: Noch stehen wir vor einem Rätsel, denn die Messdaten passen so gar nicht mit der bisherigen Meinung zusammen. Neue Testreihen werden folgen. Eine Erklärung gibt es aber: Was, wenn es sich beim Thema Bier und Schlaf um eine Art selbst erfüllende Prophezeiung handelt? Weil man seit Jahrhunderten weiß, dass Bier müde macht, könnte schon das reine Wissen um diese Tatsache tatsächlich müde machen.

Man darf mit Spannung die nächsten Messergebnisse erwarten.

Ein guter Schluck für Senioren

Rentenexperten treibt es zur Verzweiflung, die Medizin triumphiert, und der Mensch freut sich. Wir werden immer älter. In allen „westlichen" Ländern nimmt der Anteil der Senioren stark zu. Neunzig-, ja sogar Hundertjährige werden schon bald keine Seltenheit mehr sein.

Umfangreiche Studien in den USA haben ergeben, dass Bier für ältere Menschen überaus günstig sein kann (siehe Kasten).

Alles Fakten, die gerade Senioren mehr als dienlich sind. Diese überaus positiven Erfahrungen haben bereits zu einer – anfangs belächelten – Konsequenz geführt. In Altenheimen der USA, aber auch in Kanada, wurden nachmittags so genannte „Beer-Pub-Hours" eingeführt, bei denen man in gemütlicher Runde ein Gläschen genießt. Die bisherigen Beobachtungen sprechen für eine Fortsetzung und Ausweitung der fröhlichen Bier-Stunden.

Seine Wirkungen sind:

- **größerer Appetit**
- **besserer Schlaf (mit Einschränkungen siehe oben)**
- **Senkung des Blutdrucks**
- **besseres Allgemeinbefinden**
- **größere Zufriedenheit**
- **Rückgang des Verbrauchs an Beruhigungsmitteln**
- **erhöhte Gesprächsbereitschaft in der Gruppe**
- **mehr Eigeninitiative**
- **gesteigerte Geselligkeit**
- **höherer Sozialisierungsgrad**

Der „Luxusdurst“

Und weil wir gerade bei unseren älteren Mitmenschen sind. Eines ihrer Probleme ist die zu geringe tägliche Flüssigkeitsaufnahme. Wer zu wenig trinkt, läuft jedoch Gefahr, an Krankheiten zu leiden, die mit einer Bluteindickung einhergehen, wie Herz- und Nierenprobleme, Gedächtnisstörungen usw. Der Durst nach Bier kann deshalb durchaus als „Luxusdurst“ bezeichnet werden, weil er die reine Flüssigkeitsaufnahme erst richtig schön macht.

Bier enthält mit 880 bis 960 Gramm pro Liter sehr viel lebenswichtiges Wasser. Bei einem Wasserbedarf des Menschen von bis zu 2,7 Litern pro Tag – Sportler brauchen natürlich noch viel mehr – kann mit der empfohlenen Dosis von einem Liter Bier pro Tag gut und gerne schon rund ein Drittel des Wassertagesbedarfes gedeckt werden. Als „ideale“ Wasserlieferanten gelten kalorienarme, nährstoffhaltige und wasserreiche Getränke – wie eben Bier, vor allem auch alkoholarmes bzw. alkoholfreies Bier.

Für das Durstlöschen sind zudem die im Bier enthaltenen Mineralstoffe von großem Vorteil. In einem Liter Bier findet man zwischen 1100 und 2100 Gramm als Anionen (400 bis 600 mg/l) und Kationen (700 bis 1.500 mg/l) gelöst.

Weil Wasserverlust durch Schwitzen, Ausscheidung mit Urin und Stuhl und durch Abatmen von Feuchtigkeit auch zu

Elektrolyteinbußen führt, kann Bier sowohl Wasser als auch Mineralstoffe gleichzeitig „nachliefern“; ein isotonisches Getränk mit viel Geschmack also. So kann bei starkem Schwitzen das ausgeschiedene Kalium und Magnesium schon mit einem Liter Bier wieder ausgeglichen werden. Und auf die (chemisch präparierten) Iso-Drinks darf man durchaus verzichten.

Dazu kommt ein weiterer Vorteil. Der Alkoholgehalt des Bieres fördert die Harnausscheidung – und damit die Ausschwemmung von Schlackestoffen aus dem Organismus. Experimentell gelang es nachzuweisen, dass es bei einer Zufuhr von 50 g Alkohol in 250 ml Wasser (dies entspricht einer 20-prozentigen Alkohollösung) nach zwei bis drei Stunden zu einer Harnausscheidung von 600 bis 1000 ml kommt.

Das kennt man ja. Eine Zeit lang braucht man während des Biergenusses das gewisse Örtchen nicht aufzusuchen, dann aber benützt man jenen Weg – den auch der Kaiser sprichwörtlich zu Fuß zurücklegt – immer öfter. Nicht umsonst heißt es: „Zwei trinken, drei pin …“.

Dass Bier nicht nur ein idealer Durstlöscher ist, sondern sich auch vorzüglich zum Löschen eines Feuers eignet, dafür gibt es übrigens einen netten historischen Beleg. Die Stars der Handlung waren – wie könnte es auch anders sein – die Männer der Münchner Feuerwehr. Als Anfang 1823 das Bayerische Nationaltheater in Flammen aufging und Wassernot herrschte, zapften die Feuerwehrleute schließlich die Biervorräte des in der Nähe liegenden Hofbräuhauses für ihre Löscharbeiten an. Zwei Jahre lang zahlten die Münchner Biertrinker dann sogar mit jeder „Maß“ Bier einen Theaterpfennig für den Wiederaufbau des Nationaltheaters.

Bier mit und – manchmal – im Maß bürgt ganz augenscheinlich auch für eine positive Einstellung zur Kultur.

Bier mit und – manchmal – im Maß bürgt ganz augenscheinlich auch für eine positive Einstellung zur Kultur.

Wasser

Der volumensmäßig wichtigste Rohstoff bei der Bierbereitung ist das Brauwasser. Die Güte des Bieres hängt vorwiegend von der Qualität des Brauwassers ab. Es ist daher kein Zufall, dass es früher – trotz Unkenntnis dieses Sachverhaltes – und ohne aufwändige chemische Analysen des Brauwassers in manchen Gegenden besonders gute Biere gab. Beispielsweise das „Pilsener“ in Pilsen, das weltberühmt ist und dessen guter Ruf fast ausschließlich auf die hervorragende Wasserqualität des weichen, kristallinen böhmischen Brauwassers zurückzuführen ist.

Heute kann man mithilfe modernster chemischer Analysen die Zusammensetzung des Brauwassers exakt bestimmen und mit physikalischen und chemischen Verfahren das Wasser für Brauzwecke optimal aufbereiten. Nur dort, wo es geeignetes Wasser in entsprechender Menge und Qualität gibt, kann auch gutes Bier gebraut werden. Aber nicht nur die Reinheit des Wassers, sondern auch sein Härtegrad haben Einfluss auf die Qualität des Bieres. Der Härtegrad gibt den Gehalt an verschiedenen Salzen und Mineralstoffen an, die das Wasser völlig natürlich aus dem Boden löst. Die Eigenheiten der Brauwässer sind für den individuellen Geschmack des Bieres mitverantwortlich und damit letztlich auch bestimmend für die Bierqualität. Je weicher das Brauwasser ist, desto besser

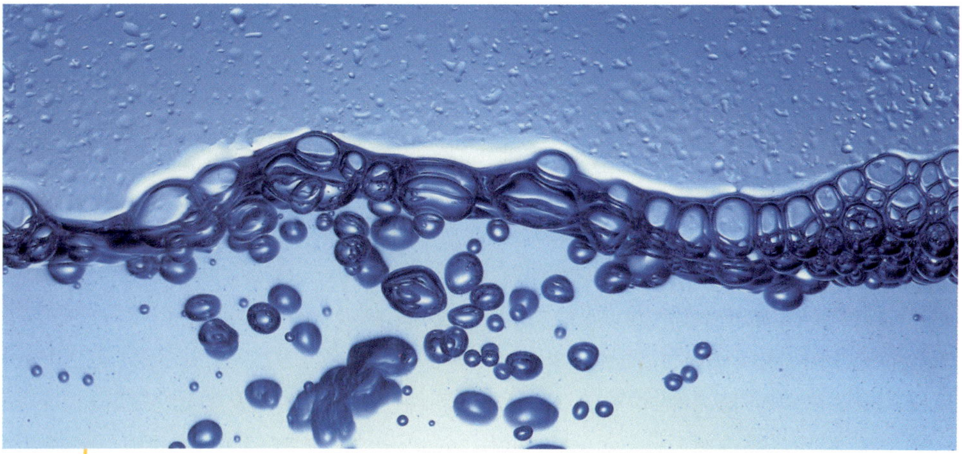

ist es für Brauzwecke geeignet, denn bei hartem Wasser verbinden sich die Wassersalze beim Brauen mit den löslichen Stoffen des Malzes und des Hopfens und beeinflussen negativ die Wirkungsweise der Enzyme des Malzes. Hartes Wasser führt – bei gleicher Menge an Rohstoffen – zu eher dunkleren Bieren, zudem ergibt sich pro Sud eine wesentlich geringere Biermenge, was ökonomisch für die Brauverantwortlichen nicht unwesentlich ist. Brauereien enthärten daher ihr Brauwasser auf 2 bis 5 deutsche Härtegrade, um eine möglichst hohe Brauausbeute zu erzielen. Wasser wird in den Brauereien aber nicht nur für den Vorgang der Biererzeugung verwendet, der Großteil wird zum Reinigen der Brauanlagen, Flaschen und Fässer und für Kühlzwecke gebraucht. Ohne ausreichende, qualitativ einwandfreie Wasserversorgung lässt sich daher eine moderne Brauerei nicht betreiben.

Kalkwasser eignet sich besser für die Herstellung dunkler Biere, dagegen ist das weiche Urgesteinswasser für helle Biere besser zu gebrauchen. Die Brauereien wissen um die Bedeutung einwandfreien Brauwassers und scheuen daher keine Mühen und Kosten, um diesen mit rund 90 % im Endprodukt enthaltenen Rohstoff immer in bester Qualität und ausreichender Menge zur Verfügung zu haben.

Gesundes Vergnügen

Seit einigen Jahren bestehen keine Zweifel mehr: Wer mäßig – aber regelmäßig – zum Bier greift, der lebt insgesamt gesünder und länger. Jetzt weiß man aber noch ein bisschen mehr über diese positiven Effekte. Die Inhaltsstoffe des Bieres liefern zwar die Basis für mehr Gesundheit und Wohlbefinden, ein wichtiger Faktor scheint aber auch zu sein, wie man sich das Bier genehmigt. Nicht allein sollte man's tun, sondern in Gesellschaft, denn damit schwinden die Stressfaktoren und lassen das Vergnügen die Oberhand gewinnen.

So wird der Biertrinker denn auch als gemütlich eingeordnet. Als Mitmensch, dessen Charaktermerkmale Frohsinn, Ruhe und doch Lebenslust sind. Einer, der seinen Nieren etwas Gutes tut. Nicht zu verwechseln mit dem Säufer, einem meist bösartigen, unruhigen und frustrierten Men-

schen, der zumindest seiner Leber (wenn nicht sogar mehr Organen) Schlechtes angedeihen lässt.

Klingt ja logisch, wird aber erst jetzt von der Wissenschaft ernst genommen: Entspannung, gemeinsames Lachen, einfach für wenigstens ein paar Stunden die Welt vergessen – das alles bekommt einen wichtigen Platz in der Gesundheitsvorsorge.

An Hinweisen fehlt es nicht mehr. So war man lange Zeit der Meinung, die gesunde Kreta-Diät könnte auch in Mitteleuropa für einen Rückgang der Herz-Kreislauf-Erkrankungen sorgen. Das Experiment hat indessen nicht gebracht, was man sich erwartet hat. Obwohl sich Tausende Menschen in Zentraleuropa streng nach der Diät aus Fisch, Gemüse, Obst, Rotwein, Olivenöl und Kohlenhydraten ernährt haben, ist die Rate der Herzinfarkte nur geringfügig zurückgegangen. Des Rätsels Lösung: Man hat schlichtweg auf die Lebensart der Mittelmeerländer vergessen – auf die Siesta, den Spaß am Leben, den fehlenden Zeitdruck. So ähnlich ist es mit den alkoholischen Getränken auch. Aus Umfragen weiß man, dass 60 Prozent der Erwachsenen alkoholische Getränke aus Geselligkeit und rund 45 Prozent zur Entspannung konsumieren. Ein Gläschen in Gesellschaft wird damit zum wichtigen Wegbereiter für geistige und körperliche Gesundheit. Genauso wie Musik, Humor und Faulenzen einen entscheidenden Beitrag dazu leisten (und das wurde von Forschern längst bewiesen), scheint auch das Glas Bier in diesen Mechanismus einzugreifen. *Jan Snel,* Professor für Psychologie an der Universität Amsterdam, sieht klare Zusammenhänge. Vergnügen stärkt unser Wohlbefinden, egal, ob es durch einen guten Schluck, durch Humor, Sport, einen Schaufensterbummel oder eine gemütliche Unterhaltung erreicht wird – Vergnügen ist für uns von höchster Bedeutung. Denn durch Vergnügen, Entspannung und (was für ein neues Modewort!) „Entschleunigung“ werden unser Immunsystem gestärkt, das Herz weniger belastet und die Gedanken freier. Der wissenschaftliche Beweis für diese Theorie fehlt nicht mehr. In den 90er Jahren wurde in Heidelberg eine groß angelegte Studie durchgeführt, wobei man Abstinenzler mit mäßigen Genießern, aber auch jenen verglichen hat, die zuviel Alkohol konsumierten. Während aus der Gruppe, die gerne ein Gläschen in Gemeinschaft zu sich nahm, 2,5 Prozent an Herz-Kreislauf-Problemen starben, waren in der Gruppe der Abstinenzler um 36 Prozent mehr Todesfälle zu verzeichnen. In der Gruppe der stärkeren Trinker waren es gar mehr als doppelt so viele. Interessante Fakten, die dennoch für ein Dilemma sorgen. Darf man jetzt oder darf man nicht zum Glas Bier greifen? Der mahnende Zeigefinger der Suchtexperten ist ja allenthalben empor gestreckt. *Jan Snel* ortet gerade in der immerwährenden Mahnung vor Alkohol ein großes Problem. Uns wird das schlechte Gewissen vor Alkohol geradezu anerzogen. Schon allein das aufkommende Gefühl, sich nach Alkoholkonsum schuldig zu fühlen, kann eine regelrechte Katerstimmung auslösen. Das Gegenmittel? Es sollte uns bewusst werden, dass alkoholische Getränke nützlich sein können, wenn wir nur einige Regeln beachten. Die Gesundheitsbehörden müssten dazu übergehen, positive Perspektiven zu eröffnen. Mäßiger Genuss in Gesellschaft also. Denn damit, so der Amsterdamer Psychologe, würde auch die Jugend einen anderen Umgang mit Alkohol lernen. „Wenn man nämlich unsere Nachkommen ständig mit negativen Aspekten konfrontiert, wird das zu völlig falschem Konsumverhalten führen, in dem die Schuld zur Hauptkomponente wird“, meinen Fachleute. Das Schlagwort von wegen „drink relaxed“ ist damit auch für die Wissenschaft von Bedeutung. Wichtig dabei: Essen und Trinken gehören zusammen! Man sollte sich nie auf leeren Magen alkoholische Getränke genehmigen. Die alte Faustregel gilt: Alkohol zum oder nach dem Essen, denn durch die Nahrung wird ein Teil des Alkohols im Magen verestert und das Übertreten des Alkohols vom Magen in den Dünndarm gebremst. Dadurch kommt es zu einer Verringerung der Alkoholaufnahme ins Blut. Ausgewogene Mischkost ist dabei jedenfalls günstiger als eine einseitige Eiweiß-, Kohlenhydrat- oder Fettkost.

Hilfe für Verdauung und Stoffwechsel

Seien wir doch ehrlich: Das sind Dinge, über die man nicht wirklich gerne spricht. Verdauung, Stoffwechsel und so.

Aber in unserer Zivilisationsgesellschaft leiden mehr Menschen darunter, als man glauben möchte. Bewegungsmangel, ballaststoffarme, einseitige Ernährung, Stress, häufiges Reisen mit Klimawechsel und Ernährungsumstellung sind oft die Ursache der unangenehmen Angelegenheit, die man auch Verstopfung nennt. Ganz klar, dass eine sinnvolle Ernährungsumstellung auf Obst, Gemüse, Vollkornbrote, ausreichende Flüssigkeitszufuhr und viel Bewegung die Basis zur Behandlung der unangenehmen Verstopfung ist.

Aber Vorsicht! Wenn die Verstopfung lange und hartnäckig anhält, muss der Arzt aufgesucht werden.

Prinzipiell gilt jedenfalls: Wenn die Verdauung gestört ist, werden die über die Nahrung zugeführten Nährstoffe nicht mehr voll vom Organismus verwertet. Die Folge kann ein Mangel an Vitaminen und Nährstoffen sein, der selbst durch die Einnahme konzentrierter Pillen und Nahrungsergänzungsstoffe nicht auszugleichen ist.

In Omas Arzneischränkchen finden sich gegen Verstopfung aber auch:

- **Dörrobst, das man am Abend einweichen und die Flüssigkeit mit einem Löffel Leinsamen am nächsten Tag trinken sollte, oder**
- **typischerweise ein Glas Bier vor dem Schlafengehen oder**
- **ein Löffel Feigensirup am Abend.**

Viele Ärzte verbieten ihren Patienten mit Magenbeschwerden, Gastritis oder Geschwüren – zu Recht – den Konsum von Alkohol. Das weiß man ja: Säurehaltiger Wein – Schnaps natürlich auch – reizt die Magenschleimhaut und führt zu oft großen

Problemen. Ein mahnender Zeigefinger indessen, der für Bier nicht in diesem Umfang gilt, denn einerseits ist der Alkohol im Bier vergleichsweise nur spärlich vorhanden, andererseits wirken die Inhaltsstoffe des Bieres sogar beruhigend auf die Magenschleimhaut. In zahlreichen wissenschaftlichen Studien konnte eindeutig belegt werden, dass regelmäßige Biergenießer weitaus weniger unter Magenbeschwerden leiden als Vergleichsgruppen oder Abstinenzler! Darüber, dass Bier sogar mit dem Helicobakterium fertig werden kann, haben wir ja schon berichtet.

Doch Bier ist nicht nur für den Magen eine Freude. Die ganze Verdauung profitiert – wie schon unsere Altvorderen wussten. Es beschleunigt die Magenentleerung, fördert die Verdauung und die Aufnahme der Nahrungsbestandteile und verbessert die Harnausscheidung. Zugleich kommt – profan gesagt – die Leber auf Touren, die Nieren arbeiten schneller – weil besser durchblutet – und die Bildung von Nieren- und Gallensteinen wird reduziert.

Deshalb bürgert sich ein Brauch immer mehr ein:

Ein Bier sich nicht nur zum Essen, sondern schon als Aperitif munden zu lassen.

Die Verdauung dankt es.

Alkohol: Heilmittel oder Teufelszeug?

Zwei Herzen schlagen in der Brust des Mediziners, wenn es um das Thema Alkohol geht. Darf man oder darf man nicht? Den täglichen Schluck zu sich nehmen. Mäßig aber regelmäßig, wie es sein sollte. Oder ist das – wie manche Experten meinen – bereits der Einstieg in die Sucht? Die Diskussionen zu dieser Frage werden wohl noch lange hin und her wogen. Eines steht jedoch fest: Dass Alkohol – und Bier im Speziellen – einen günstigen Einfluss auf unsere Gesundheit haben kann, wird immer häufiger außer Streit gestellt. Zu umfangreich sind jene Daten, die dem mäßigen Genuss Positives abgewinnen können.

Die Wirkungen des Alkohols auf unseren Körper sind durchaus vielfältig. Aus der Sicht der Physiologen – die sich mit den Vorgängen im Organismus beschäftigen – wird eine ganze Reihe von Prozessen gefördert. Alkohol greift positiv in den Fettstoffwechsel ein. Eine Reihe von Studien, vor allem auch jene, die, wie berichtet, *Dr. Gorinstein* und deren Team in Israel durchgeführt haben, weisen bei regelmäßigem, aber mäßigem Bierkonsum auf eine teilweise deutliche Erhöhung des „guten" – vor Arteriosklerose schützenden – HDL (High-Density-Lipoprotein) hin. Mit Hilfe von HDL werden nämlich Fetteinlagerungen in den Arterien herausgelöst und über die Leber „entsorgt". So wird das HDL zu einer Art Müllabfuhr, die unsere Blutgefäße sauber hält.

Im Gegenzug sinkt das „schlechte" LDL (Low-Density-Lipoprotein), einer der Hauptverursacher einer Reihe von Gefäßkrankheiten wie Herzinfarkt, Schlaganfall usw. Auch das Gesamtcholesterin wird deutlich reduziert. Der Zusatznutzen von Bier ist schließlich, dass es vollkommen cholesterinfrei ist.

Biergenuss mit Maß (nicht unbedingt im Maß)

Das also ist es: Es kommt auf den Genuss an, nicht auf das Zuviel. So sieht es wohl auch einer der bekanntesten Alkohol- und Suchtforscher der Welt, Prof. *Ting-Kai Li,* der das NAAA (National Institute on Alcohol Abuse and Alcoholism) in den USA leitet. Der Experte ist sich sicher, dass die kritische Grenze für Männer bei über 14 Drinks pro Woche, für Frauen bei über sieben Drinks pro Woche liegt. Die empfohlene Menge von rund einem bzw. einem halben Liter Bier pro Tag (noch einmal: möglichst über den Tag verteilt und zum Essen genossen) liegt jedenfalls unter dieser Grenzmarke.

Der kanadische Mediziner *Hubert Sacy* glaubt sogar, dass es – im Gegensatz zum Rauchen – beim Alkoholkonsum einen „sicheren Level" gibt, der sich im vorhin erwähnten Bereich bewegt, der aber natürlichen, individuellen Schwankungen unterliegt. Wie für viele Experten ist auch für *Sacy* der regelmäßige, aber mäßige Genuss nicht problematisch. Gefährlich wird es nur, wenn das „saturday night fever" einsetzt, wenn also am Wochenende – konzentriert auf wenige Stunden – zu viel getrunken wird.

Eine Studie in Quebec (Kanada) brachte unterdessen zutage, dass 58 Prozent der Befragten der Meinung sind, mäßiger Alkoholkonsum sei gut für die Gesundheit, 70 Prozent möchten noch mehr über die Zusammenhänge zwischen einem „guten Schluck" und Gesundheit erfahren.

Der österreichische Psychiater und Suchtexperte Prof. *Otto Lesch* kann mit diesen Ergebnissen leben. Für ihn ist Bier ein sehr altes Getränk mit einem unbestrittenen Beitrag zur

Volksgesundheit. Der Fachmann unterstützt natürlich den Trend zu alkoholreduzierten und alkoholfreien Bieren. Dennoch, bei gesunden Personen sei gegen das Biertrinken als Genuss kein Einwand aus medizinischer Sicht zu erheben, bei manchen Krankheiten sollte der Konsum von Bier jedoch eingeschränkt werden. Anders sieht es bei Menschen aus, die einen Hinweis auf Abhängigkeit zeigen. Sie sollten auf keinen Fall Alkohol konsumieren. Das alkoholfreie Bier hat jedoch in der Therapie von Alkoholabhängigen seinen festen Stellenwert. Trotzdem muss natürlich der Therapeut die Entscheidung über dessen Einsatz treffen, da alkoholfreies Bier – herstellungsbedingt – noch immer rund 0,5 % Alkohol enthalten kann.

Eine engere Zusammenarbeit zwischen Brauereien, Ärzten, Forschung und Werbung könnte für alle Gruppen, schließlich aber vor allem für den Bier trinkenden Konsumenten von großem Vorteil sein. So sollte es eigentlich auch gelingen, das gesunde Naturprodukt Bier vom Alkoholmissbrauch zu trennen.

Wobei der Zwiespalt nach wie vor aufrecht bleibt. Denn obwohl man weiß, dass mäßiger Alkoholgenuss für unsere Gesundheit durchaus günstig sein kann, getrauten sich Wissenschafter aus politischen, psychologischen und wirtschaftlichen Gründen oft nicht, diese positiven Erkenntnisse zu thematisieren.

Prof. *Hans Hoffmeister* (Freie Universität Berlin) zeigte auf, dass nicht nur die Menge des konsumierten Alkohols über dessen Nutzen- oder Schadenwirkung entscheidet, sondern auch der Trinkstil und das soziale Umfeld. In Frankreich und in den Mittelmeerländern – wo Wein und Bier vor allem beim Essen getrunken werden – ist Alkoholismus ein viel geringeres gesellschaftliches Problem als in den skandinavischen Staaten, wo man weniger häufig und lieber allein trinkt, dann aber in großen Mengen und auch deutlich härtere Getränke.

Der deutsche Wissenschafter kritisiert in diesem Zusammenhang „prohibitionistische Tendenzen" in der europäischen Politik, etwa den von der EU lancierten „European Alcohol Action Plan". Dieser richte sich nicht bloß gegen Alkoholexzesse – wie das medizinisch und gesellschaftlich sinnvoll wäre –, sondern auch gegen moderates Trinken. Würden in der EU ab sofort keine alkoholischen Getränke mehr konsumiert, wären laut *Hoffmeister* „erheblich mehr Herzinfarkte und andere Herz-Kreislauf-Krankheiten" zu erwarten. Selbst die USA – die kompromisslos gegen das Rauchen vorgehen – berücksichtigen die nützlichen Folgen mäßigen Alkoholkonsums in ihren offiziellen „Ernährungsrichtlinien". Auch das britische Gesundheitsministerium hat vor kurzem die „sensible drinking guidelines" entsprechend modifiziert.

Ihr persönlicher Alko-Test

- **Trinken Sie mehr als einen Liter Bier (oder eine vergleichbare Menge Alkohol) pro Tag?**
- **Leiden Sie öfters unter depressiver Verstimmung?**
- **Sind Sie schon einmal wegen Ihres Alkoholkonsums angesprochen worden?**
- **Hatten Ihre Eltern oder Geschwister jemals Alkohol- oder Drogenprobleme?**
- **Trinken Sie vor allem dann Alkohol, wenn Sie unter Stress stehen?**
- **Würde es Ihnen schwer fallen, einen Monat lang keinen Alkohol zu trinken?**

Wenn Sie eine oder gar mehrere Fragen mit „Ja“ beantwortet haben, sollten Sie mit Alkohol eher vorsichtig umgehen. Eines scheint ganz sicher: Sie sollten jedenfalls die letzte Frage mit einem klaren „Nein“ beantworten können. Im Zweifel raten wir, mit Ihrem Arzt Kontakt aufzunehmen.

Bier auf dem Alkoholprüfstand

Wer gerne ein Glas Bier trinkt, weiß es ohnehin: Der Gerstensaft führt – wie immer sei’s gesagt – in Maßen! – zu weniger Berauschung und Leistungsminderung, aber auch zu weniger starken Katergefühlen als nach zu reichlichem Konsum von Wein oder gar Spirituosen. Nicht umsonst gilt Bier deshalb als das „Getränk der Mäßigung“.

Eine schöne Bezeichnung, die freilich ein bisschen genauer untersucht werden muss. Lassen Sie uns dazu wieder eine Studie zu Hilfe nehmen.

Vor einigen Jahren haben die meisten Länder Europas die 0,5-Promille-Marke für Autofahrer eingeführt, um die Straßen sicherer zu machen. Seither beherrscht klarerweise das Thema Biergenuss und Fahrtüchtigkeit die aktuelle Diskussionen. Tatsache ist, dass in der Bevölkerung nur wenig Aufklärung darüber besteht, welche Mengen Bier in welcher Zeit konsumiert werden dürfen, um nicht mit dem Gesetz in Konflikt zu geraten.

An der Universität Graz wurde in Kooperation mit der örtlichen Polizeidirektion deshalb ein einmaliger Versuch gestartet. Unter Leitung des Autors dieses Buches wurden (gemeinsam mit Prof. *Gilbert Reibnegger,* dem heutigen Vizerektor der Med.-Universität Graz) die Auswirkungen nach dem Genuss von Vollbier mit einem Alkoholgehalt von 5,5 Prozent gegenüber alkoholreduziertem Bier (3,0 Prozent) verglichen.

130 Personen, bei denen Körpermasse und Körperfett bestimmt und in der statistischen Auswertung berücksichtigt

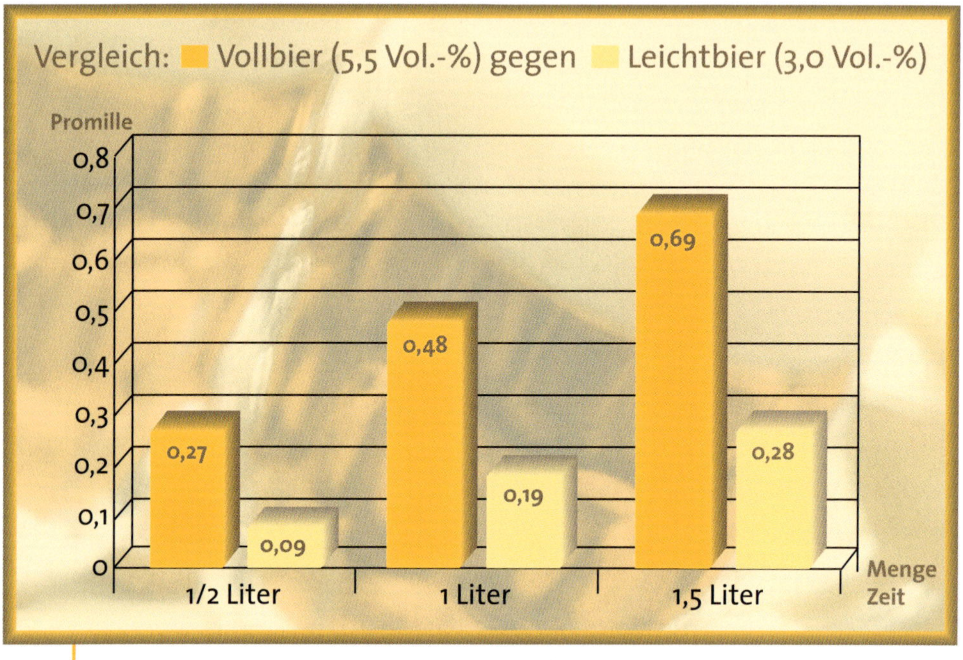

wurden, mussten dabei nach vorhergehender 24-stündiger Alkohol- und sechsstündiger Nahrungskarenz jeweils einen halben Liter Bier innerhalb von 20 Minuten konsumieren. Nach einer Pause von zehn Minuten folgte die Messung mittels geeichter „Alkomaten" der Grazer Polizei. Insgesamt wurden drei derartige Zyklen durchlaufen, so dass in 80 Minuten eineinhalb Liter Bier konsumiert worden waren. Dieselbe Testanordnung wurde zwei Wochen später für alkoholreduziertes Bier verwendet.

Damit nicht genug: Sechs Monate später stellten sich die Freiwilligen – sie haben's übrigens gern gemacht – den gleichen Versuchen, wobei zwar die 24-stündige Alkoholkarenz einzuhalten war, unmittelbar vor den Tests wurde jedoch das, wenn man so sagen kann, „österreichische Standardmenü", bestehend aus 180 Gramm Wiener Schnitzel und 150 Gramm Kartoffelsalat, konsumiert.

Die Ergebnisse der Testserien waren höchst erstaunlich und aufschlussreich. Vielleicht schätzen Sie, lieber Leser, vor dem Weiterlesen selbst die Werte der Atemluft-Alkohol-Konzentrationen.
Nun – das ist die Lösung:
Nach 0,5 Liter Bier mit 5,5 Prozent Alkoholgehalt wurden im Durchschnitt 0,27 Promille erzielt, nach einem Liter 0,48 und nach eineinhalb Litern 0,69 Promille. Demgegenüber lagen die Werte für alkoholreduziertes Bier deutlich niedriger bei nur 0,09 bzw. 0,19 und 0,28 Promille.
Wiener Schnitzel und Kartoffelsalat reduzierten alle Werte noch einmal um rund 40 Prozent!
Diese Ergebnisse zeigen eindeutig, dass aus der Konsumation eines halben Liters Bier keine Problemsituation im Zusammenhang mit der 0,5-Promille-Grenze im Straßenverkehr entstehen kann. Alkoholreduziertes Bier führte – auch bei maximaler Konsumation im Rahmen der Versuchsanordnung – zu keiner Annäherung an die 0,5-Promille-Marke; die höchsten Werte lagen durchschnittlich um 44 Prozent unter dem gesetzlich erlaubten Grenzwert.

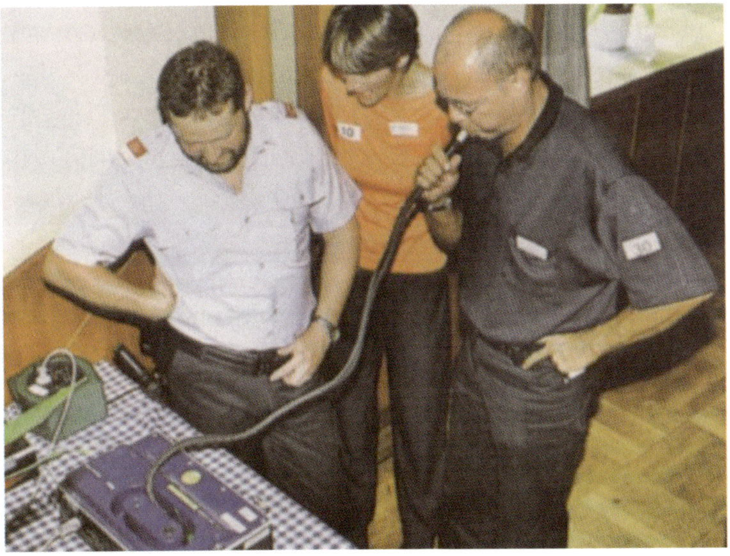

Jetzt noch eine kleine Bierkunde

Bier, das die Brauerei verlässt, ist bereits trinkfertig und verliert durch längere, unsachgemäße Lagerung schnell an Qualität. Bier ist sehr licht- und temperaturempfindlich. Es soll daher am besten stehend bei 8° C in einem dunklen Raum gelagert werden. Diese 8° C sind auch die optimale Trinktemperatur für Vollbiere, stärkere Biere können durchaus wärmer getrunken werden, da diese dann erst ihr volles Aroma entfalten. Leichtbiere werden dagegen eher um einige Grad kühler serviert und getrunken, da diese bei höheren Temperaturen „leer" schmecken.

Dass Schankanlagen regelmäßig gepflegt werden müssen, sollte für jeden Wirt eine Selbstverständlichkeit sein. Bei diesen Hygienemaßnahmen sollte Bier als natürliches Getränk nicht mit den üblichen chemischen Reinigungsmitteln in Berührung kommen. Daher werden für die Pflege von Gläsern und Leitungen in der Gastronomie eigene fettfreie Spezialreiniger eingesetzt. Eine leider noch immer weit verbreitete Unsitte in der Gastronomie ist es, Fassbier mit viel zu hohem Kohlensäuredruck zu zapfen. Das Bier ist zwar dann sofort servierfähig, aber der Schaum fällt genauso schnell wie er erzeugt wurde wieder in sich zusammen. Sie haben sicherlich schon bemerkt, dass Bier ohne Kohlensäure gezapft, beispielsweise aus einem Partyfass, wesentlich süffiger ist und bekömmlicher schmeckt als das gleiche Bier im Gasthaus oder aus der Flasche.

Dass das ordentliche Zapfen auch seine Zeit braucht, wissen Bierkenner und Bierliebhaber, sie sind daher gerne bereit, einige Zeit auf ihr Lieblingsgetränk zu warten. Wo ordentlich gezapft wird, spricht sich das sehr bald herum, so dass jeder Wirt daran interessiert sein sollte, als Fachmann auf diesem Gebiet zu gelten. Das 7-Minuten-Pils, exakt abgezapft – ist aber eine weit verbreitete Chimäre; nach sieben Minuten enthält das Bier schon kaum mehr natürliche Kohlensäure und schmeckt dann entsprechend schal.

Herkömmliche Geschirrspülmittel auf Fettbasis sind der Tod jeder ordentlichen Bierkrone, da diese Reiniger die Oberflächenspannung des Wassers verändern. Moderne Schankanlagen haben integrierte Spüleinrichtungen, um die Gläser vor dem Zapfen noch einmal mit klarem, kaltem Wasser zu spülen. Das gilt auch für das Einschenken zu Hause. Biergläser sollten nach Möglichkeit nicht im Geschirrspüler mit herkömmlichen Geschirrreinigern und vor allem Glänzern gespült werden, bzw. sollten die Biergläser vor dem Einschenken gründlich mit kaltem Wasser nachgespült werden. Glänzende Gläser aus dem Geschirrspüler sind zwar der Stolz jeder Hausfrau – wie uns die Werbung einreden will –, Bierschaum oder gar eine haltbare Bierkrone am Glasrand lassen sich in diesen Gläsern leider nicht erzeugen.

Zum gepflegten Bier gehört natürlich das passende Glas. Mittlerweile gibt es eine Unzahl von Trinkgefäßen, von der hohen Tulpe oder Stange für Pils, über Becher und Krüge für Märzenbiere bis hin zu hohen, oben bauchigen Weizenbiergläsern. Viele Brauereien entwickeln für ihre Biere eigene Trinkgläser, um sich auch optisch deutlich von der Konkurrenz abzuheben.

Wie entsteht Bier?

In den vorigen Kapiteln wurden die Zutaten für das Bierbrauen, Wasser, Malz, Hopfen und Hefe, bereits ausführlich vorgestellt. Wie entsteht nun aber aus diesen Rohstoffen in der Brauerei Bier?

Von außen sind die meisten Brauereien gekennzeichnet durch große Lagerhallen, einen oder auch mehrere Schornsteine und, je nach Stand der Bierproduktion, einen angenehmen, intensiven Geruch nach Malz oder Hopfen. Viele Brauereien bieten heute gegen Voranmeldung Führungen durch ihre Betriebe an, einige betreiben auch kleine Braumuseen, welche die Entwicklung der Braukunst dokumentieren. Alle Bierliebhaber – die ihr Lieblingsgetränk genießen und auch beurteilen wollen – sollten über die wesentlichen Arbeitsabläufe der Bierherstellung informiert sein. Die vier Hauptphasen des Brauvorganges sind das Maischen, das Kochen der Würze, die Vergärung des Bieres und dann das Reifen des jungen Bieres im Lagerkeller.

Das Maischen

Das gereinigte und zerkleinerte (geschrotete) Malz wird in der Maischepfanne oder im Maischebottich mit dem Brauwasser vermischt. Diesen Vorgang nennt man Maischen oder Einmaischen. Dann wird der Malzbrei unter Einhaltung von Rastzeiten bis auf 72° Celsius erhitzt. Die Enzyme – die sich beim Mälzen der Braugerste im Malz gebildet haben – wandeln nun die Stärke des Malzes in Malzzucker um. Der Braumeister überwacht im Sudhaus ständig diesen Verzuckerungsprozess und prüft mit der so

genannten „Jodprobe“, ob und wie viel Malzzucker (Maltose und Dextrin) sich gebildet hat.
Es gibt verschiedene Maischverfahren, vom einfachen Infusionsverfahren, bei dem die Temperatur kontinuierlich bis auf 72° C erhöht wird, über Ein- und Zweimaischverfahren bis hin zu Dreimaischverfahren – so genannte Dekoktionsverfahren –, bei denen Teile der Maische mehrfach entnommen – daher auch der Name –, gesondert erhitzt und anschließend wieder der Maische beigefügt werden.
Hat die Maische ihre vorgesehene Endtemperatur erreicht, trennt man die festen Bestandteile der Maische (Treber) von den flüssigen (Würze). Dieser Vorgang heißt Läutern oder Abläutern, wobei der Treber als natürlicher Filter für die Würze dient. Die heiße Würze (konzentrierte Zuckerlösung) kommt anschließend in die Würzepfanne, während der Treber mit heißem Wasser, dem so genannten Nachguss, noch mehrmals ausgeschwemmt wird. Die Würze wird jetzt mit diesem Nachguss verdünnt. Der verbleibende Treber – der für das weitere Bierbrauen keine Bedeutung mehr hat – enthält jedoch noch viele wertvolle Eiweißbestandteile und wird daher als Viehfutter weiterverwendet.

Das Kochen der Würze

In der Würzepfanne wird die süßlich-fad schmeckende Würze unter der Beigabe von Hopfen jetzt eine bis zwei Stunden lang gekocht. Wie bereits bei der Beschreibung des Hopfens erklärt, sind die Hopfeninhaltsstoffe hochflüchtig, weshalb die Hopfenbeigabe durch den Brauer nicht auf einmal erfolgt, sondern auf zwei bis drei, manchmal auch noch mehr Zugaben aufgeteilt wird. Speziell der teure, hochwertige Aromahopfen wird erst am Ende dieses Kochvorganges beigegeben, um möglichst viele seiner Aromastoffe ins fertige Bier zu bringen. Welche Hopfensorte und Mi-

Brauvorgang in der Brauerei

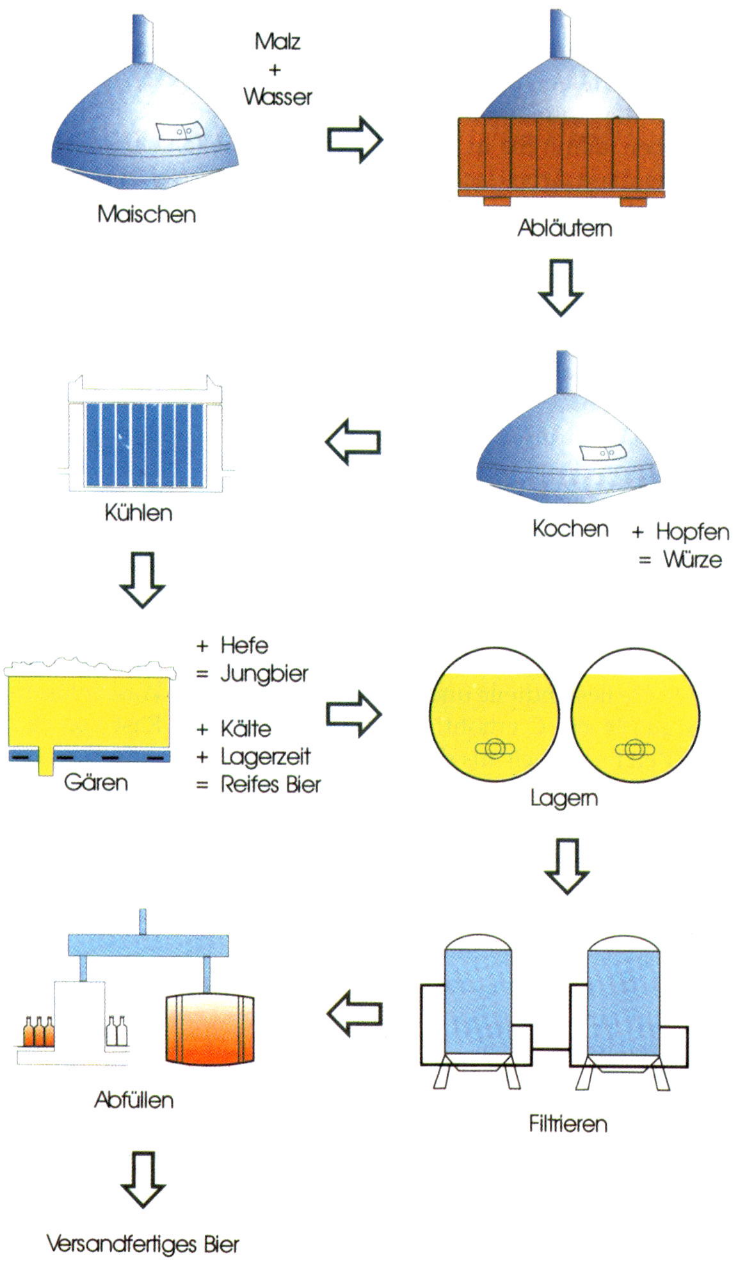

schungen aus verschiedenen Hopfensorten verwendet werden, hängt von der jeweiligen Biersorte ab, die gerade gebraut wird. Durch das Kochen lösen sich die Aromastoffe des Hopfens, und die Würze wird bei Kochtemperatur keimfrei. Beim Kochvorgang entweicht Wasser in Form von Dampf, dadurch steigt die Konzentration der Würze (Stammwürzegehalt) an. So kann beim Kochen der Würze der Stammwürzegehalt – der auch Basis für die Entrichtung der Biersteuer ist – genau festgesetzt werden.

Interessant ist auch das Verhältnis zwischen Stammwürzegehalt und Alkoholgehalt, die beide in einem indirekten Verhältnis stehen. Der Stammwürzegehalt gibt in Prozenten die Menge der gelösten Stoffe in der Bierwürze an, vorwiegend Zucker, aber auch die ätherischen Öle aus dem Hopfen. Auf den Bieretiketten ist entweder der Stammwürzegehalt – bei Vollbieren rund 11,8° bis 12° – oder der Alkoholgehalt zwischen 4,5 Vol.-% und 5,2 Vol.-% oder beides angegeben. Als grobe Faustregel gilt, dass der Stammwürzegehalt – angegeben in Grad Stammwürze – dividiert durch 3 den Alkoholgehalt des fertigen Bieres in Volumprozenten ergibt. Durch die Steuerung der Vergärung durch den Braumeister können Biere aber auch stärker oder schwächer vergärt werden, indem die alkoholische Gärung vorzeitig abgebrochen wird. Diese Biere schmecken dann etwas süßlicher, da nicht alle Zuckerstoffe endvergärt wurden, der Alkoholgehalt ist aber auch etwas geringer. Leichtbiere, eine neue Bierkreation, werden hingegen bereits mit weniger Stammwürze gebraut und ergeben daher schon im Gärprozess ganz natürlich einen niederen Alkoholgehalt.

Schließlich wird die heiße Würze in Filteranlagen und in einem Whirlpool von den störenden Eiweißbestandteilen getrennt. Die Würze wird dabei mit hoher Geschwindigkeit horizontal in ein großes, rundes Gefäß gepumpt. Die auftretenden Zentrifugalkräfte bewirken, dass sich die ungelösten Stoffe (Eiweiß und andere Trubstoffe) in Form eines Kegels in der Mitte des Whirlpools absetzen, wo sie dann leicht abgepumpt werden können.

Die Vergärung

Nun erfolgt die möglichst rasche Abkühlung der Würze auf die entsprechende Gärtemperatur. Je schneller diese Abkühlung erfolgt, desto geringer ist die Gefahr, dass unerwünschte Keime in die Würze gelangen können. Bei untergärigen Bieren wird die Temperatur auf 5° C herabgekühlt, bei obergärigen Bieren auf 20° C. Die abgekühlte Würze wird in Gärbottiche (offen) oder Gärtanks (geschlossen) umgepumpt und durch die Beigabe der Bierhefe zum Gären gebracht. Bei der alkoholischen Gärung erfolgt die Aufspaltung des Malzzucker in Alkohol und Kohlensäure. Nach rund einem Tag beginnt ein stürmisches Spiel. Es bildet sich eine dicke, weiße bis gelbe Schaumschicht auf der brodelnden Würze. Man nennt diesen Schaum „Kräusen". Mit einer Würzespindel prüft der Braumeister regelmäßig die Vergärung. Je stärker die Alkoholkonzentration im Bier zunimmt, desto geringer wird die Konzentration des Extraktes. So gärt das untergärige Bier acht bis zehn Tage, das obergärige Bier zwei bis drei Tage, dann ist die Hauptgärung abgeschlossen.

Der Braumeister überprüft laufend den Stand der Gärung.

Reifen des Bieres

Das Bier ist zwar jetzt fertig, aber noch nicht genügend ausgereift, um bereits abgefüllt und getrunken werden zu können. In geschlossenen Lagertanks werden untergärige Biere zwischen zwei und sechs Monaten bei Temperaturen nahe dem Gefrierpunkt zum Reifen und Nachgären gelagert. Diese Lagerung bewirkt nicht nur saubere Bieraromen, sondert führt auch zur Anreicherung mit natürlicher Kohlensäure, die durch die Hefe gebildet wird. Diese Kohlensäure kann aus den geschlossenen Lagertanks nicht entweichen. Aus Sicherheitsgründen sind daher an diesen Tanks Überdruckventile angebracht, welche den Überdruck über einen voreingestellten Druck hinaus entweichen lassen.

Das fertige Bier wird nun noch einmal über einen Kieselgurfilter gefiltert. Dadurch werden die letzten kleinen Trubstoffe und Hefebestandteile entfernt. Anschließend wird das Bier in die peinlichst genau gereinigten Fässer, Flaschen oder Dosen abgefüllt.

Lagerbiere nach Wiener Art

Im Eiskeller F. Reil

Biertransport vor 100 Jahren F. Reil

Ein großer Entwicklungsschritt im Brauwesen geschah zu Mitte des 19. Jahrhunderts. Mit der Erfindung der ersten elektrischen Kühlanlagen im Jahr 1870 durch *Carl v. Linde* (1842 bis 1934) war es nun möglich, ganzjährig untergärige und damit länger haltbare Biere herzustellen. Bis zu dieser Zeit war es nur in der kalten Jahreszeit möglich, länger haltbare, untergärige Biere zu erzeugen. Mit großem Aufwand wurden daher aus künstlich angelegten Eisteichen und von Gletschern im Winter Eis „geerntet", das dann in den so genannten Eiskellern der Brauerei gelagert wurde. Der Name „Märzenbier" stammt noch aus dieser Zeit, war es doch vor Erfindung der elektrischen Kühlung in Mitteleuropa nur ungefähr bis in den Monat März hinein möglich, untergärige Biere – die zur Gärung eine Temperatur unter 10° Celsius benötigen – zu brauen. Mit dem Einsatz der elektrischen Kühlaggregate war es nunmehr – unabhängig von äußeren Witterungsein-

Erste Linde'sche Kältemaschine Technisches Museum, Wien

flüssen – möglich, ganzjährig transportier- und haltbare Biere zu erzeugen. Die neuen Verkehrsmittel wie Eisenbahnen und Dampfschiffe beschleunigten dann die Entstehung und Ausbreitung von Markenbieren, die vorher eher im lokalen Bereich für den Konsum vor Ort gebraut wurden. Es setzte damit aber auch ein Konzentrationsprozess im Brauwesen ein, der heute noch nicht abgeschlossen ist. Wenige, weltweit agierende Braukonzerne beherrschen mittlerweile den Braumarkt mit uniformen Einheitsbieren, die qualitativ und geschmacklich immer gleich schmecken müssen und sollen und untereinander austauschbar sind. Durch Pasteurisierung zur Haltbarmachung und die mechanische Filterung der Hefebestandteile mit Kieselgurfiltern aus dem Bier wurde der Schritt vom Lebens-Mittel hin zum Getränk vollzogen. Viele der früher natürlich im Bier enthaltenen Inhaltsstoffe, wie die Vitamine des B-Komplexes in der Hefe, sind bei diesem Globalisierungsvorgang aus dem Bier z. T.

wieder verschwunden. Erst in den letzten zehn Jahren beginnt sich hier mit dem Wiederaufkommen der Gasthausbrauereien – die ungefilterte, zumeist obergärige Biere für den Genuss in der angeschlossenen Gaststätte erzeugen – ein Gegentrend abzuzeichnen. Im Hobbybereich kam – überraschenderweise aus den Vereinigten Staaten – der Trend des Brauens zu Hause wieder zurück nach Mitteleuropa, wo diese Tradition – mit tatkräftiger Unterstützung der Brauindustrie – durch gesetzliche Verbote beinahe in Vergessenheit geraten war. Mittlerweile pflegen Tausende dieses interessante Hobby und brauen ihr Bier für den Eigenbedarf, schließen sich in Brauclubs zusammen und erhalten über die Beschäftigung mit diesem Thema wieder ein Verständnis für dieses alte Genussmittel Bier, ohne bei den geringen zu Hause gebrauten Mengen an Bier eine ernsthafte Konkurrenz für die Brauereien zu sein.

Ein weiterer Meilenstein in der Entwicklung zu unseren heutigen Bieren war die Erforschung der Hefe als Ursache der alkoholischen Gärung und deren Vermehrung in Reinzucht. Mit diesen Hefestämmen aus dem

Bierverkostung und Bierabfüllung anno 1892

Labor, die immer in gleich bleibender Qualität zur Verfügung stehen und die sich die Brauereien sogar patentrechtlich schützen lassen, gelingt es, standardisierte, qualitativ gleich bleibende Biere zu erzeugen. Wurden bis ins 19. Jahrhundert überwiegend dunkle, obergärige, schlecht haltbare und nicht lagerfähige Biere gebraut, so trat mit der Entwicklung eines neuen Brauverfahrens des Österreichers *Anton Dreher* 1841 das Lagerbier von Klein-Schwechat bei Wien aus seinen Siegeszug um die ganze Welt an. Nichts hat in den Jahrtausenden von den Sumerern bis heute die Bierherstellung so nachhaltig verändert – ja revolutioniert – wie dieses neue „Lagerbier" des *Anton Dreher.* Dieses helle, untergärige Bier, das sich deutlich von den trüben, dunklen Bieren der Konkurrenz unterschied, wurde von den Konsumenten begeistert aufgenommen.

Anton Dreher

Über Pilsen und Budweis, die tschechischen Bierzentren, damals ein Teil der Donaumonarchie, gelangte dieses Verfahren nach München, wurde ständig verfeinert, an der Technischen Hochschule wissenschaftlich analysiert und weiterentwickelt. Auch heute noch wird die überwiegende Mehrzahl der weltweit gebrauten Biere nach diesem von *Anton Dreher* entwickelten Verfahren gebraut.

Moderne Brauereien ähneln heute in ihren Dimensionen riesigen Industrieanlagen mit Schornsteinen, Labors, Gärtanks, Lagerkellern und Abfüllanlagen, die computerunterstützt in einem industriellen Prozess Bier erzeugen. Betriebseigene Labors und begleitende Kontrollen sichern die immer gleich bleibende Qualität des Gerstensaftes. Leider gehen aber in diesem arbeitsteiligen Prozess auch viele wertvolle Inhaltsstoffe des Bieres verloren.

Moderne Filteranlagen in den Brauereien filtern auch die letzten Bestandteile der Hefe nach dem Gärvorgang aus dem Bier. Die „blanken", hellen Biere sind dadurch länger haltbar und weniger anfällig für Geschmacksveränderungen. Die lebenden Mikroorganismen der Hefe würden nach dem Gärvorgang mangels Nahrungsangebot in Form von Zucker absterben, sich zersetzen, als Trubstoff am Boden der Bierflasche ablagern und könnten als in Zersetzung übergegangene Lebewesen den Geschmack des Bieres negativ verändern. Die Kehrseite der Medaille ist, dass natürlich viele der Inhaltsstoffe der Bierhefe, wie Vitamine und Spurenelemente, oder die Inhaltsstoffe des Hopfens wieder teilweise aus dem fertigen Bier entfernt werden. Das Gleiche gilt für die Pasteurisation, bei der das Bier in den Flaschen nach dem Abfüllen kurz auf 72° Celsius erhitzt wird. Damit werden eventuelle Verunreinigungen in den Flaschen – die zu unerwünschten Fehlgärungen führen könnten – abgetötet. Aus einem „lebenden" Grundnahrungsmittel wird damit aber ein mehr oder weniger „totes" Getränk. Argumentiert wird, dass der Konsument und vor allem die Vertriebsschienen über Supermärkte und Tankstellen – wo das Bier nicht immer bei optimalen Temperaturen und Lichtverhältnissen gelagert werden kann – ein Produkt fordern, das diesen Lagerbedingungen optimal entspricht.

Durch den weltweiten Konzentrationsprozess im Brauwesen sind die vielen lokalen und regionalen Braustätten – die zumeist nur für einen Ort oder auch nur für das eigene Lokal Bier gebraut haben – verschwunden, oder die kleineren Marken wurden in größere Braukonzerne integriert. Leider ging damit aber auch die Sorten- und Geschmacksvielfalt der Biere verloren. Diese, den Markt beherrschenden Braukonzerne sind natürlich ein nicht unwesentlicher Wirtschaftsfaktor mit ihren Werbeeinschaltungen in den Medien, als Sponsoren von sportlichen Großveranstaltungen und als Arbeitgeber. Demgegenüber steht noch eine Vielzahl mittelständischer und kleiner Brauereien, welche im regionalen und lokalen Bereich mit Spezialbieren punkten können. Im Wettbewerb mit den Großkonzernen stehen diese kleinen Brauereien aber von der Kostenseite auf verlorenem Posten. Innovative Biere, gepaart mit traditioneller Braukunst, mit verblüffenden geschmacklichen Ergebnissen kommen aber überwiegend aus diesen kleinen Braustätten, die das Bierbrauen als handwerkliche Arbeit und nicht als industriellen Fertigungsprozess verstehen.

Prof. Dr. Werner Back ist Jahrgang 1942. Nach dem Abitur in Freiburg erhielt der Autor den Facharbeiterbrief „Brauer und Mälzer" (Berufsfachschule Ulm) und wurde 1969 Diplomingenieur. 1974 promovierte Back und habilitierte sich vier Jahre später. Danach war Back in der Privatwirtschaft tätig, ehe er 1988 Universitätsprofessor an der TU München-Weihenstephan, Institut für Technologie der Brauerei I (Abteilung Getränketechnologie) und ab 1992 dessen Ordinarius wurde. Prof. Back gilt als einer der weltweit gefragtesten Bierfachleute.

Von der Geschichte zur Zukunft der Biere

Eine visionäre Betrachtung

Altertum

Wenn wir über die Zukunft des Bieres reden, sollten wir – wie bereits ausführlich geschehen – die Vergangenheit noch einmal ganz kurz und sehr komprimiert Revue passieren lassen.

Die Geschichte des Bieres beginnt bei den Sumerern (ca. 4000 v. Chr.) und Ägyptern, die nachweislich vergorene Getreidemaischen genossen. In Mitteleuropa war Bier ab 800 v. Chr. durch Funde von Bieramphoren in Kasendorf bei Kulmbach und 300 n. Chr. durch den Fund eines Bierverlegersteines bei Trier belegt. Von ca. 1400 n. Chr. stammt wohl die älteste Darstellung eines Bierbrauers in Deutschland.

Um 1500 hat bereits der berühmte Naturforscher und Philosoph *Paracelsus* erkannt, dass „Bier eine wahrhaft göttliche Medizin für Kranke ist". Im Jahr 1516 hat *Wilhelm IV.,* Herzog in Bayern, eine Vorschrift erlassen, nach der zur Herstellung von Bier nur Gerste, Hopfen und Wasser verwendet werden dürfen. Dieses

Bayerische Reinheitsgebot ist die älteste, bis heute noch gültige lebensmittelrechtliche Verordnung. Das Reinheitsgebot besagt letztlich, dass zur Bereitung von untergärigem Bier nur Gerstenmalz, Hopfen, Hefe und Wasser verwendet werden dürfen. Für die Bereitung von obergärigem Bier ist auch die Verwendung von anderem Malz zulässig.

Die genaue Festlegung auf diese vier Rohstoffe ist auch heute noch Voraussetzung und Garantie für die hohe Reinheit von Bier.

Das nährstoffreiche Getränk Bier war natürlich sehr empfindlich und anfällig für mikrobiellen Verderb. Durch Aufbewahrung in kühlen Kellern und die antimikrobielle Wirkung der Hopfenbitterstoffe, des Alkohols und der Kohlensäure konnten wenigstens einige Wochen überbrückt werden.

Früher war jedoch die Qualität der Biere sehr unterschiedlich, da die Rohstoffe Malz, Hopfen, Hefe und Wasser großen Schwankungen unterlagen und sich auch bei der Bierherstellung zahlreiche Einflüsse auswirken konnten.

Neuzeit

Erst Ende des vorletzten Jahrhunderts führten die Forschungen von *Louis Pasteur* und zahlreicher nachfolgender Brauerei-Technologen zum Verständnis für die Enzym- und Gärabläufe beim Brauprozess. Die von *Emil Christian Hansen* 1881 entwickelte Reinzucht von Brauereihefen war dann auch die Voraussetzung für die großtechnische Bierproduktion und für die Garantie haltbarer Biere und gleichmäßig guter Bierqualitäten. Auch in den Forschungslabors der Brauereien und der Institute sind natürlich Qualität, Gleichmäßigkeit und Haltbarkeit der Biere und nach wie vor aktuelle Themen.

Nachdem während der letzten 50 Jahre die biologischen, chemischen und physikalischen Abläufe mit geeigneten Methoden genau analysiert werden konnten, wurde es möglich, den Brauprozess entsprechend zu beeinflussen und zu steuern. In letzter Zeit wurden große Anstrengungen unternommen, um die Biere noch haltbarer und exportfähiger zu machen. Das war auch eine grundsätzliche Voraussetzung für die Entstehung überregionaler und exportorientierter Großbetriebe.

Gegenwart

So waren und sind die Forschungsschwerpunkte auch am Lehrstuhl für Technologie der Brauerei I an der TU München-Weihenstephan den diversen „Bierstabilitäten" gewidmet. Darunter versteht man die chemisch-physikalische oder kolloidale Stabilität einerseits bei „glanzfeinen" klaren Bieren und andererseits etwa bei trübungsstabilen Weißbieren, außerdem die Geschmacks- und Schaumstabilität über mehrere Monate sowie die mikrobiologische Stabilität. Hier konnten in den letzten zwanzig Jahren auch zusammen mit der Maschinenindustrie wesentliche Fortschritte erzielt werden. So sind zum Beispiel durch sauerstofffreie Abfülltechniken wesentlich bessere Geschmacksstabilitäten erreicht worden.

Auch im Sudhaus haben sich gerade in den letzten zehn Jahren enorme technisch/technologische Verbesserungen ergeben. Sowohl die Mühlentechnik zur Gewinnung gut aufschließbarer Schrote als auch die Maischtechnologie zur Aktivierung der zellwandabbauenden (Cytolyse), eiweißabbauenden (Proteolyse) und stärkeabbauenden (Amylolyse) Enzyme aus dem Malz wurden wesentlich verbessert. Dadurch bestehen für die Würzegewinnung mit ebenfalls optimierter Abläutertechnik mittels Läuterbottich oder Maischefilter sehr gute Voraussetzungen. Bei weniger Extraktverlusten liegen die für die Hefegärung wichtigen Nähr- und Wuchsstoffe, wie z. B. vergärbare Zucker und Aminosäuren, in günstiger Zusammensetzung vor.

Wesentliche technische Verbesserungen zeigen auch die modernen Kochsysteme. Hier wird durch günstige Strömungsverhältnisse und gleichmäßige Kochbedingungen eine schnelle und effiziente Ausdampfung unerwünschter flüchtiger Geschmacksstoffe erreicht, so dass der Kochprozess unter Einsparung von Primärenergie abgekürzt werden kann und die thermische Belastung empfindlicher Inhaltsstoffe reduziert wird.

Qualitätsverbesserung, einfachere Verarbeitbarkeit und Energieeinsparung sind die angestrebten Kriterien, die bei älteren Kochsystemen nicht so ideal aufeinander abgestimmt werden konnten.

Die Qualität der Bierhefe hat durch optimierte Hefe-Reinzuchtanlagen ein sehr hohes Niveau erreicht. Dies wirkte sich nicht nur auf den Produktionsprozess (Gärung, Reifung, Filtration) positiv aus, sondern auch auf die Bierqualität (Geschmack, Schaum, biologische Stabilität).

Mit einer vitalen Hefe werden rein schmeckende, vollmundige, weiche Biere erzielt, die weniger unerwünschte Gärungsnebenprodukte oder gar Offflavours enthalten. Zu Letzteren gehört z. B. Diacetyl, das Butteraroma, das im Bier zu einem unangenehmen ranzigen Geschmack und Geruch führt. Bei schlechter Hefevitalität werden auch stärker Hefeproteinasen ins Bier abgegeben, die die schaumpositiven Eiweißmoleküle abbauen und somit die

Schaumstabilität beeinträchtigen. Gleichzeitig treten auch Autolyseerscheinungen älterer Hefezellen auf. Dadurch werden mittelkettige Fettsäuren freigesetzt, die sich sowohl auf die Schaumhaltbarkeit als auch auf die Geschmacksstabilität nachteilig auswirken. Autolysesubstanzen beeinträchtigen außerdem die Filtrierbarkeit der Biere.

Für die Rohstoffe Gerste und Weizen konnten in den letzten Jahrzehnten wesentliche Erfolge sowohl hinsichtlich agronomischer Anforderungen (z. B. Resistenz gegen Schädlinge, hoher Ertrag) als auch für die Brauqualität (z. B. gute Enzymausstattung, hoher Extrakt, wenig Eiweiß) erzielt werden. Diese Erfolge äußern sich in einer besseren Verarbeitbarkeit und damit in Einsparungen in der Mälzerei und Brauerei und wirken sich positiv bis zur Bierqualität aus.

Ähnliches gilt auch für die Züchtungserfolge beim Hopfen (hoher Ertrag und Resistenzen sowie gute Bitterstoffausbeute und angenehme Aromastoffprofile). Besonders der wichtigste Inhaltsstoff der Hopfendolde, das Lupulin, wird durch gezielte Einkreuzungen angereichert.

Schließlich ist auch die biologische Sicherheit wesentlich verbessert worden. Durch die Entwicklung geeigneter Nachweismedien, mit denen Bierschädlinge sicher, schneller und selektiv (d. h. eindeutiger Nachweis schädlicher Keime) festgestellt werden können, sind unerwünschte Biertrübungen und biologisch bedingte Geschmacksbeeinträchtigungen auch ohne Pasteurisationsmaßnahmen wesentlich seltener geworden. An dieser Stelle soll aber darauf hingewiesen werden, dass es sich hier keinesfalls um Krankheitserreger (pathogene Keime) handelt, sondern um

harmlose Milchsäurebakterien, wie sie z. B. auch in Sauermilchprodukten vorkommen.

Die genannten technischen und technologischen Fortschritte haben dazu geführt, dass sich heute die Bierqualität generell auf einem hohen Niveau befindet. Und dennoch ist der Bierkonsum in Mitteleuropa rückläufig. Als Erklärung hierfür könnte man die sehr einseitig und polemisch geführte „Alkoholdiskussion" anführen oder auch die Absenkung der Promillegrenze auf 0,5. Marktforscher sehen u. a. in der großen Vielfalt und der hohen Qualität von Konkurrenzgetränken eine gewisse Erklärung für den Rückgang. Hierzu gehören auch Biermischgetränke und eine Vielfalt von weiteren Mischgetränken (Cooler, Shandys, Breezer, Alcopops u. a.). Durch das Angebot von beliebigen zweck- und gelegenheitorientierten Getränken wird natürlich auch das persönliche Geschmacksempfinden beeinflusst und verändert.

In dieser Situation muss man sich auf die hervorragende ernährungsphysiologische Bedeutung des Bieres zurückbesinnen. Als limitierender Faktor ist hier lediglich der Alkoholgehalt von durchschnittlich 5 Vol.-% zu nennen. Das bedeutet, dass Bier auf alle Fälle eigenverantwortlich und maßvoll genossen werden muss (noch einmal sei darauf hingewiesen: maximal ein Liter pro Tag, möglichst verteilt und zum Essen). Ansonsten sind zahlreiche, wertvolle Inhaltsstoffe in hervorragender Abstimmung sowie in ausgewogener Konzentration enthalten. Über die Vorteile – viel Wasser, Mineralstoffe, Vitamine – haben wir ja bereits ausführlich berichtet.

Abgesehen von den moderaten Alkoholkonzentrationen sind keine schädlichen oder belastenden Substanzen im Bier. Dies ist eine Folge des Produktionsprozesses, der mehrere natürliche Reinigungsstufen enthält, so dass Umweltkontaminanten, Pflanzenschutzmittel oder andere toxische Stoffe ausgeschieden werden. Ebenso sind keinerlei Konservierungsstoffe enthalten sowie nur moderate Säurekonzentrationen (pH ca. 4,5), weshalb kaum Reizerscheinungen im Magen-Darm-Trakt zu befürchten sind.

Obwohl keine Konservierungsstoffe zugesetzt werden, zeigt Bier auf Grund seiner natürlichen Inhaltsstoffe eine nur geringe mikrobiologische Anfälligkeit. So kommen weder Krankheitserreger (pathogene Keime) vor, noch können sich hitzeresistente Bakterien (Bazillen, Clostridien) entwickeln. Deshalb ist auch eine Pasteurisation des Bieres nicht unbedingt erforderlich und wenn, dann nur bei verhältnismäßig niedrigen Temperaturen zwischen 60 und 75° C. Somit werden bei der Abfüllung Frischecharakter und Qualitätsmerkmale nicht verändert und empfindliche Inhaltsstoffe geschont.

Zukunft

Neben den technologischen und qualitativen Errungenschaften der letzten Jahre werden Vielfalt und Ausgewogenheit an natürlichen und wertvollen Inhaltsstoffen auch zukünftig den Biercharakter bestimmen. Die drei herausragenden Attribute „Reinheit", „Bekömmlichkeit" und „Gesundheit" müssen aber dem Verbraucher noch mehr bewusst und verständlich gemacht werden. Dies wird eine wichtige Aufgabe unserer Forschungseinrichtungen und Fachverbände sein. Die Grundlagen hierzu müssen durch weitere ernährungsphysiologische und medizinische Forschungsarbeiten geschaffen werden.
Voraussetzungen für eine hohe Verbraucherakzeptanz sind aber nicht nur hohe Qualitätsstandards, sondern auch eine ausgeprägte Biervielfalt. Neben den gängigen Sorten Lager, Pils, Export, Märzen, Bock und den Spezialitäten Weißbier, Alt, Kölsch, Schwarzbier, Rauchbier, Kellerbier und Diätbier sowie den alkoholreduzierten Leichtbieren und den alkoholfreien Bieren müssen zukünftig noch Sorten zur Verfügung stehen, bei denen wertvolle Inhaltsstoffe angereichert und ungünstige wie z. B. Alkohol abgereichert sind. Durch die Sortenvielfalt können spezifische Vorteile einzelner Biersorten hinsichtlich Geschmack und wertvoller Inhaltsstoffe individuell genutzt werden.
So sind beim Pils durch die hohen Hopfengaben wesentlich mehr Bitterstoffe und Hopfenpolyphenole enthalten. Die Biere haben dadurch eine höhere mikrobiologische Haltbarkeit und weisen auch ein größeres antioxidatives Potenzial auf. Wünschenswert wäre auch noch ein höherer Eintrag von Xanthohumol. Diese wertvolle Substanz kommt in den Lupulindrüsen der Hopfendolden vor, wird aber beim Produktionsprozess wegen der schlechten Löslichkeit weitgehend ausgeschieden.
Mit zukünftigen Technologien wird es möglich sein, Xanthohumol in höherer Konzentration im Bier anzureichern. Erste

Schritte in dieser Richtung sind bereits erfolgt. So werden für die „XAN-Bier"-Herstellung spezielle Dosage- und Kochzeiten für den Hopfen eingehalten. Auch bei der Gärung und Filtration des Bieres wird von der üblichen Verfahrensweise abgewichen, um die 10–30fache Menge an Xanthohumol im Bier zu erreichen.

Eine weitere Möglichkeit der Xanthohumol-Anreicherung könnte auch durch die Verwendung von dunklen Spezialmalzen bestehen. Versuche mit Röstmalzen haben z. B. gezeigt, dass dadurch erhöhte Mengen Xanthohumol ins Bier gelangen. Schließlich wird sich auch die Züchtung dieser Thematik annehmen und neue Sorten kreieren, bei denen der Xanthohumolgehalt von bisher max. 1 % deutlich höher liegt. Zusätzlich ist auch eine Steigerung weiterer niedermolekularer Polyphenole, wie Flavonoide und Anthocyanogene, die sowohl vom Hopfen als auch vom Malz kommen, wünschenswert. Diese Substanzen können aggressive freie Radikale unschädlich machen. Dadurch wird einerseits die Geschmacksstabilität der Biere gefördert, andererseits aber auch verschiedenen Krankheiten vorgebeugt.

Eine weitere beliebte Biersorte, das Hefeweißbier, enthält zwar meist nur ca. 30 % der Hopfenmenge im Vergleich zum Pils, hat aber dafür andere Vorteile. So befinden sich hier bis zu 40 % des Tagesbedarfs an Folsäure (Vitamin B9). Es wird daran gearbeitet, zukünftig mit einem Liter Weißbier den Tagesbedarf zu decken. Folsäure gilt als Mangelvitamin beim Menschen. Es hat, wie berichtet, eine wichtige Funktion beim Homozystein-Stoffwechsel. Homozystein gilt als Risikosubstanz im Zusammenhang mit Herz-Kreislauf-Erkrankungen.

Bei dunklen Bieren werden intensiv abgedarrte (meist über 100° C), dunkle Malze eingesetzt. Bei den hohen Temperaturen reagieren Aminosäuren und Kohlenhydrate (Maillard-Reaktion) zu Reduktionen, Farbsubstanzen, Melanoiden und diversen Zwischenprodukten. Die Melanoide spielen für Farbe und Aroma der dunklen Biere eine wichtige Rolle, sie sind aber auch wegen ihrer antioxidativen Kraft von ernährungsphysiologischer Bedeutung.

Eine besonderes hohe Farbaktivität und antioxidative Kapazität hat das Pronyl-Lysin, das in der Brotrinde, aber auch im Bier nachgewiesen wurde. Nach Erforschung der Bildungsmechanismen könnte durch entsprechende Einflussnahme bei der Mälzungstechnologie eine Steigerung von Pronyl-Lysin im Malz und damit im Bier erreicht werden.

Alkoholfreie Biere können durch Entalkoholisierung mittels Vakuumverdampfer bzw. Membrantrennverfahren (Dialyse, Umkehrosmose) oder durch gestoppte Gärung hergestellt werden. Der Alkoholgehalt liegt unter 0,5 Vol.-%. Trotz des sehr niedrigen Alkoholgehaltes können alle anderen wertvollen Inhaltsstoffe in gleicher Konzentration vorliegen bzw. können, wie bei den anderen Biersorten bereits geschildert, auch gesteigert werden. Hier ist der für den Biergenuss begrenzende Risikofaktor Alkohol bedeutungslos.

Allerdings müssen bezüglich Biergeschmack und Aroma noch deutliche Abstriche im Vergleich zu normalem Bier gemacht werden, obwohl seit einigen Jahren schon sehr ansprechende Marken zur Verfügung stehen. Um dem Verbraucher alkoholfreies Bier schmackhaft zu machen, besteht aber noch erheblicher Forschungsbedarf.

Ein Kompromiss zwischen niedrigem Alkoholgehalt und Geschmackserlebnis ist beim Leichtbier gegeben. Die Alkoholgehalte bewegen sich üblicherweise bei 2,9 bis 3,3 Vol.-% und befinden sich damit sicherlich nicht mehr im kritischen Bereich. Allerdings muss auch beim Leichtbier etwas zur Verbesserung des Geschmackserlebnisses gemacht werden. Dies ist aber wesentlich einfacher als beim alkoholfreien Bier. Da es sich um ein Randprodukt handelt, ist die Technologie bei weitem noch nicht ausgereizt.

Einteilung der Biere nach ihrem Stammwürzegehalt

Deutschland	Österreich
Einfachbier 2–5,5 %	Abzugbier 9–10 %
Schankbier 7–8 %	Schankbier 10–12 %
Vollbier 11–14 %	Märzenbier 12–14 %
Starkbier mehr als 14 %	Bockbier mehr als 14 %

Schließlich sollte noch die Verwendung von Milchsäurekulturen (Lactobacillus amylolyticus) zur biologischen Säuerung von Maische und Würze erwähnt werden. Mit diesen Milchsäurebakterien können in den Bieren zusätzliche Vorteile in der biologischen Haltbarkeit, im Geschmack, in der Geschmacks- und Schaumstabilität sowie in der Trübungsstabilität erzielt werden. Auch werden zusätzlich Vitamine, Antioxidanzien und Spurenelemente (z. B. Zink) eingebracht. Biologische Säuerung entspricht auch dem Reinheitsgebot und führt generell zur Qualitätsverbesserung.

Zusammenfassend kann festgehalten werden, dass sich Bier zweifelsfrei auf sehr hohem qualitativen und ernährungsphysiologischen Niveau befindet. Optimierungsmöglichkeiten bestehen aber noch bei der Anreicherung von verschiedenen wertvollen Inhaltsstoffen.

Als „Zukunftsbier" mit unbeschwertem Genuss, hoher Akzeptanz und somit einem hohen Ausstoßanteil könnte man sich ein alkoholreduziertes Bier mit 2,5–3,5 Vol.-% bei gleichem Geschmackserlebnis (voll, weich, abgerundet, rezent, charaktervoll) vorstellen. Dies ist durch Verwendung von gut gelösten Malzen, zusätzlich Spezialmalzen und hochwertigem Aromahopfen sowie durch Einsatz von vitaler Bierhefe und geeignetem Brauwasser möglich.

Darüber hinaus sollten die zuvor beschriebenen wertvollen Inhaltsstoffe in angereicherter Menge enthalten sein. Insbesondere ist an die Mineralstoffe Magnesium, Kalium, Phosphor und Silizium, des Weiteren an die Vitamine Riboflavin (B_2), Pyridoxin (B_6), Niacin (B_3), Folsäure (B_9) und Pantothensäure (B_5) zu denken. Die Polyphenole (Flavonoide) sollten ebenfalls gesteigert werden (Gallussäure, Quercetin, Xanthohumol), ebenso der Gehalt an L(+)-Milchsäure. Diese Ziele können mit natürlichen Rohstoffen auch unter Einhaltung des Reinheitsgebotes erreicht werden.

Zum Schluss soll noch auf eine aktuelle Frage eingegangen werden: Sind gentechnologisch veränderte Rohstoffe wünschenswert oder gar notwendig?

Die Antwort: Wir brauchen zum Bierbrauen weder aus verarbeitungstechnischen noch aus qualitativen Gründen die Hilfe der Gentechnologie. Die aktuellen Züchtungen bei Gerste, Weizen und Hopfen entsprechen völlig den agronomischen und technologischen Anforderungen. Dies gilt übrigens auch für die zur Verfügung stehenden Bierhefen.

Zu guter Letzt

So gut wie ans Ende gekommen, sollten – trotz Aufzählung zahlreicher Studien – drei Untersuchungen nicht fehlen, die für den geneigten Leser von einiger Bedeutung sein könnten. Oder auch nur zum Schmunzeln anregen sollen.

Die eine birgt einen lang gehegten Wunsch, der bisher – rein wissenschaftlich natürlich – nie in Erfüllung gegangen ist. Hier aber die einzigartige Botschaft: (Bier) Alkohol führt zu mehr Liebe! Wissenschafter am Scripps-Institut in den USA haben herausgefunden, dass durch regelmäßig mäßigen Alkoholkonsum das männliche Sexualhormon Testosteron vermehrt vom Körper produziert wird. Mit dem Effekt, dass Mann mehr kann.

Die Sache hat bloß einen kleinen Haken: Sie funktionierte bisher nur im Tierversuch. Bei Ratten.

Aber wer weiß, vielleicht gelingt schon bald der Nachweis auch beim Menschen.

Und der könnte jetzt tatsächlich gelungen sein. Dank einer Studie der Universität Uppsala. Der Biochemiker *Björn Berndsson* belegt durch eine Untersuchung an 700 Frauen und Männern im Alter von 20 bis 57 Jahren: „Wer täglich ein bis zwei Glas Bier trinkt, hat ein deutlich aktiveres Liebesleben als Absti-

nente oder Personen, die regelmäßig zu tief ins Glas schauen."
Bei moderatem Bierkonsum hatten die Testtrinker um 12 Prozent häufiger Sex als die Nichttrinker, wobei dies gleichermaßen für Männer und Frauen galt. Als Grund für die stimulierende Wirkung von Bier vermutet *Berndsson* Wirkstoffe des Hopfens, die hormonelle Komponenten enthalten, „die das Feuer der Liebe entfachen".
Nummer drei der Untersuchungen mit „weitreichender" Bedeutung unterstreicht einmal mehr den Wert von Forschung und Wissenschaft. Sie beweist geradezu, dass es kein Leben, ja nicht einmal Handlungen des Alltags ohne die schützenden Hände des allumfassenden, beforschten Wissens gäbe. Deshalb noch dieser Bericht.
Wissenschafter (?) in Großbritannien haben sich die weltbewegende Frage gestellt, wie viel Bier im Laufe eines Jahres bei Bartträgern verloren geht, weil dieses auch über die Bartspitzen abtropft und daher den Magen nicht erreicht. Präzise Antwort auf die penible Frage: O Gott! Bis zu zehn Liter bester Gerstensaft.
Ja, da ist es beinahe tröstlich, wenn auch in der gestrengen Wissenschaft gelegentlich kabarettistische Züge die Oberhand gewinnen.
Doch was soll's?
Die Reihe der Biervorzüge ließe sich schier endlos fortsetzen. Kaum eine Woche vergeht, in der die wissenschaftliche Literatur nicht einen Zuwachs an Arbeiten über das Bier und dessen Inhaltsstoffe erfährt. Eine Situation, die noch vor wenigen Jahren undenkbar erschien.
Der schon mehrmals erwähnte deutsche Professor *Hoffmeister* fasste die gesundheitliche Wirkung des Bieres zusammen, wie man es besser nicht beschreiben könnte: „Ein Verzicht auf Bier würde zu einem Anstieg der Herz-Kreislauf-Erkrankungen, zu einer Verringerung der durchschnittlichen Lebenserwartung um etwa zwei Jahre und zum Verlust allgemeiner Lebensfreude führen."
Aber auch das, was der deutsche Wissenschafter präzise im Fokus hat, ist nicht wirklich neu. Schon so um 75 vor Christi formulierte es *Plutarch*, der Priester und Biograph im grie-

chischen Delphi so: „Bier ist unter den Getränken das nützlichste, unter den Arzneien die süßeste und unter den Nahrungsmitteln das angenehmste."

Wie wahr!

Doch was *Plutarch* schon vor über 2000 Jahren pries, können wir erst heutzutage langsam wirklich mit wissenschaftlichen Methoden beweisen.

Aber wie heißt es doch so schön? Alles fließt.

Nicht nur der Jungbrunnen Bier.

Auch die Wissenschaft ...

Bier ist gegen Durst.
Und nicht gegen Sorgen.
Bier löst die Stimmung.
Aber keine Probleme.
Bier soll in Schwung bringen.
Aber nicht ins Schwanken.
Bier ist zum Anstoßen.
Und nicht zum Anecken.
Bier ist zum Wohlsein.
Und nicht zum Vollsein.

Weiterführende Literatur – Wissenschaftliche Quellen

Literaturverzeichnis

BierErleben, Verband Privater Brauereien, Fachverlag Hans Carl, Nürnberg 2002.

Michael und Christine Hlatky, Bierbrauen zu Hause. Mit Spezialitäten aus ganz Europa. Leopold Stocker Verlag, Graz, Stuttgart 1997.

Michael Hlatky, Franz Reil, Bierbrauen für jedermann. Leopold Stocker Verlag, Graz, Stuttgart, 5. Auflage 1997.

Christine und Michael Hlatky, Gesund und schön durch Bierhefe, Leopold Stocker Verlag, Graz, Stuttgart 1998.

Michael Hlatky, Das große österreichische Bierlexikon. Austria Medien Service, 2. Auflage, Graz 1999.

Christine Hlatky, Kochen mit Bier. Leopold Stocker Verlag, Graz, Stuttgart, 2. Auflage 1996.

Rolf Lohberg, Das große Lexikon vom Bier. Scripta Verlag, Stuttgart, 3. Auflage 1984.

Norbert Messing, Heilen mit Bierhefe. Die Wiederentdeckung einer alten Volksarznei, Verlag Ganzheitliche Gesundheit, Bad Schönborn, 5. Auflage 1993.

Ludwig Narziß, Abriß der Bierbrauerei. Ferdinand Enke Verlag, Stuttgart, 4. Auflage 1980.

Anton Piendl, Physiologische Bedeutung der Eigenschaften des Bieres. Fachverlag Hans Carl, Nürnberg 1999.

Christian Rätsch, Urbock Bier jenseits von Hopfen und Malz. Von den Zaubertränken der Götter zu dem psychedelischen Bieren der Zukunft. AT-Verlag, Aarau 1996.

Manfred Schramm, Heilen mit Hopfen. Gesundheit aus einer alten Kulturpflanze. Ehrenwirth Verlag, München 1997.

A. Schwarz, R. Schweppe, Gesund und schön mit Bier. Vgs-Verlagsgesellschaft, Köln 2000.

Paul Starck, Aurel Voigt, Bier trinken. Tomus-Verlag, München, 7. Auflage 2000.

Konrad Soyez, Biotechnologie. Birkhäuser Verlag, Basel, Boston, Berlin 1990.

Auswahl der wissenschaftlichen Quellen

Am J Pub Health, 83, 9: 1277–1283
Andersen ML et al., J Agric Food Chem, 2001
Boushey et al., J Am Med Assoc, 247: 1049–1057
Berger K et al., N Engl J Med, Nov. 1999
Bobak M et al., Eur J Clin Nutr, 57:1250–1255; 2003
Bozhkov A et al., Univ. Char'kov, 2001
Borghi L et al., Istituto di Semeiotica Medica, Universität Padua; Nephron, 1999
Brenner H et al., Institut für Epidemiologie, Universität Ulm, Am J Epidemiol; 1999
Cervilla J et al., BJP, 2000
Colussi et al., Granda Hospital, Mailand, 2001
Dimmitt SB et al., University of Western Australia, Blood Coagul Fibrinolysis; 1998
Dixon JB et al., Obes Res, 10: 245–252, 2002
Djousse L et al., Boston, Circulation, 2000
Brenner H et al., Epidemiology, 12: 390; 2001
Castellsague X et al., Int J Cancer, 108: 741–749; 2004
Chung W, Alcohol Alcohol, 39: 39-42 ; 2004
d Luis DA et al., Ann Nutr Metab, 47: 119–123; 2003
Eccles, BMJ; 1998
Frach P, Univ. Valencia, pers. comm.; 2001
Frank N, Dt. Krebsforschungszentrum, pers. comm.; 2003
Frommel und Mobarnam, Oncology; 1996
Fuji W et al., Alc Clin Exp Res, 26: 677–681; 2002
Hoffmeister H et al., Thieme Verlag; 1998
vd Gaag et al., Lancet, 355: 1522 ff.
Gorinstein S et al., School of Pharmacy, Hebrew University of Jerusalem, J Intern Med; 1997
Gorinstein S et. al., J R Soc Med.; 1998
Gorinstein S et al., J Agric Food Chem, 822–827; 2003
Gorinstein S et al., J Nutr Biochem, 14: 710–716; 2003
Grabauskas V et al., Medicina, 39: 1223–1230; 2003
Hernan MA et al., Ann Neurol, 54: 170–175; 2003
Innes G, St. Paul's Hospital, Vancouver, CMAJ; 1998
Institut für Epidemiologie und Sozialmedizin der Universität Münster
J Am Med Ass; 2000
Jain MG et al., Universität Toronto, Int J Cancer; 1998
Kiechl S et al., Univ.-Klinik f. Neurologie Innsbruck, Stroke; 1994
Kimura S, Arimoto-Kobayashi S et al.; Okajama Universität – Himeji Institut of Technology, Japan; 1999
Knudsen S et al., Clin Endocrinol, 55: 41–46 ; 2001
Lesch O, Bier und Alkoholismus, Wider den Missbrauch. In: Weißbuch Bier, 2001
Lopez L et al., Univ. Cuernavaca, Cad Saude Publ; 1998
Miranda et al., Drug Metab Dispos; 2000
Mennen LI et al., Am J Clin Nutr, 78: 334–338; 2003
Monobe M et al., Radiat Res, 42: 237–245; 2002
Monobe M et al., Radiat Res, 44: 75–80; 2003

Mukamal KJ et al., Stroke, 32: 1939–1946; 2001
Mukamal KJ et al., JAMA, 19: 1405–1413; 2003
Mukamal KJ et al., N Engl J Med, 348: 109–118; 2003
Mukamal KJ et al., Arterioscler Thromb Vasc Biol, 23: 2252–2259; 2003
Nozawa H et al., Int J Cancer, 108: 404–411; 2004
Paganga G et al., Antioxidant Research Center
Popelka M et al.; Beaverdam-Studie, Universität Wisconsin; 1998
Porta S, Graz, pers. comm.; 2004
Powell J, St. Thomas Hospital, UK, pers. comm.; 2003
Reibnegger G., Was ist nun wirklich drin im Bier? In: Weißbuch Bier, 2001
Quart Rev Alc Res, 10: 2; 2002 – Die besten Antoxidantien
Sacy H, CDN; 2001
School of Biomedical Sciences, London, Free Radic Res.; 1999
Scripps Res Inst. USA; 2003
Seshardi S et al., N Engl J Med, 346:476–483; 2002
Shimamura M et al., Biochem Biophys Res Commun; 2001
Shimokata H et al., Nat. Inst. for Longevity Sci. Japan; 2000
Sillanaukee P et al., Alcohol Clin Exp Res, 57–60; 2003
Simons et al., Univ. of New South Wales; 2000
Snel J, Univ. Amsterdam, pers. comm.; 2002
Strazzullo et al., Univ. Neapel; 2003
Suzuki et al., Nippon R Iga Zasshi; 2000
Tavani A et al., Eur J Epidemiol, 17: 1131–1137; 2001
Texas Veg NL, 5/01
Tolstrup J, IMAG, pers. comm.; 2002
Ubbink JB et al., University of Pretoria, Atherosclerosis; 1998
Vingilis E et al., Addiction Res. Found., Toronto; 2002
Vliegenthart R et al., Am J Epidemiol; 2002
Walker C, Brew Res Intl., pers. comm.; 2003
Walzl M, Vitalität aus der Brauerei. In: Weißbuch Bier, 2001
Walzl M, Vitalität aus der Brauerei – über die verblüffende gesundheitliche Wirkung von Bier, Internetdokument: www.rtk.at/Presse/Walzl_Bier-Info.pdf; 2002
Wannamethee SG, Royal School of Medicine, London, Am J Public Health; 1999
Wannamethee SG et al., Arch Intern Med, 163: 1329–1336; 2003
Watten RG, Scand J Med Sci Sports; 1995
Wei et al., Diab Care, 23: 18; 2000
de Witte, IMAG, pers. comm.; 2003
Woodson K et al.,Division of Clinical Sciences, National Cancer
Institute, Bethesda, USA, Cancer Causes Control 10(3): 219–226; 1999

Die Autoren

Univ.-Prof. Dr. Manfred Walzl
studierte als Wissenschaftsjournalist in Graz Medizin. Ausbildung zum Arzt für Allgemeinmedizin und zum Facharzt für Neurologie und Psychiatrie. Habilitation für das Fach Neurologie im Jahr 1994, Ernennung zum Universitätsprofessor im Jahr 2000. Schwerpunkt der wissenschaftlichen Tätigkeit u. a. im Bereich der Arterioskleroseevorsorge und Arterioskleroseentstehung. Dabei hat die Ernährung einen besonderen Stellenwert. Walzl ist Vorsitzender der Österreichischen Gesellschaft für Ernährung (Sektion Süd), Fellow des American College of Angiology, Fellow der Royal Society of Medicine in London und Mitglied des Landessanitätsrates Steiermark. Seine bisherige wissenschaftliche Tätigkeit umfasst drei Bücher und 700 Publikationen und Vorträge. Univ.-Prof. Dr. Manfred Walzl leitet den Gemeinsamen Fachbereich an der Landesnervenklinik in Graz.

Mag. Michael Hlatky
studierte nach einer Berufsausbildung, Chemischreinigungsmeister, Betriebswirtschaft in Graz mit dem Schwerpunkt Marketing. Seit 1985 in unterschiedlichsten Funktionen im Verlagswesen tätig als Marketing- und Vertriebsleiter, Verleger und seit 2003 als selbständiger Verlagsagent. Autor und Herausgeber mehrerer Bücher zum Thema Bier: Bierbrauen für jedermann, Bierbrauen zu Hause, Gesund und schön durch Bierhefe, Das große österreichische Bierlexikon. Vortragstätigkeit über Bier und Leiter von Bierbrauseminaren.